전국 초·중학생 편지쓰기 강좌 캠프 편지글 모음집

개울가에서 쓴 편지

■ 발간사

『개울가에서 쓴 편지』 3집을 발간하며

(사)한국편지가족회장 박 명 자

빛 좋은 가을입니다. 오랜만에 여유를 가지고 산책길에 나섰습니다. 바람을 타고 나뭇잎 하나가 어깨 위에 내려앉았습니다. 단풍잎, 복자기잎, 은행잎. 한 잎씩 주워 책갈피에 끼웠습니다. 머지않아 계절이 비켜 앉으면 하나씩 꺼내 지난날을 들추어보고 싶습니다.

어디 고운색이 단풍잎뿐일까요. 여기 단풍보다 더 고운 빛깔의 사연으로 물든 전국 초·중학생들의 속삭임이 있습니다.

(사)한국편지가족은 해마다 여름방학이면 전국의 초·중학생 200여 명을 초청하여 편지쓰기강좌 캠프를 열고 있습니다. 금년으로 초등학생 8회 중학생 11회가 되었으니 10년이 훌쩍 넘은 행사가 되겠네요.

자연 경관이 아름다운 수련원을 찾아 서로 다른 지역에서 모인 청소년들에게 편지쓰기를 지도하고 갖가지 체험활동으로 엮는 2박 3일의 일정은 이 시대 학생들에게 꼭 필요한 '정서회복운동'이라 자부합니다.

또 편지쓰기 지도교사를 양성해 각 지회마다 가까운 초·중학교를 방문하여 현장에서 직접 편지쓰기강좌도 열고 있습니다. 정규 수업시간의 2시간을 할애 받아 이론과 실습을 병행하는 이 활동도 3년이란 세월이 흐르고 보니 요청하는 학교가 점점 늘어나고 있습니다.

이런 행사에서 거둔 편지를 곳간에 저장만 해 두기가 아까워「개울가에서 쓴 편지」라는 이름으로 출판을 한 것이 금년으로 세 돌이 되었습니다. 즉석에서 짧은 시간에 쓰다 보니 문장의 성숙도는 뒤질 수도 있겠지만 담백하고 솔직한 표현은 어느 문학 장르보다 높이 사고 싶습

니다.

　(사)한국편지가족은 전국의 편지쓰기 대회에서 수상한 어머니만으로 구성된 단체입니다. 지회마다 다양한 활동을 펼치고 있지만 이런 강좌를 통해 어머니의 따스한 기운을 직접 받은 청소년들은 먼 훗날 제 몫을 거뜬히 해내는 반듯한 사람이 될 것입니다.

　처음에는 서먹한 얼굴로 만났다가 편지지를 채우며 다음 문장의 물꼬를 부탁하던 아이들의 선한 눈빛, 학교 급식이라도 들고 가라며 손수 식판을 들어다주시던 자상하신 선생님, 교문 앞까지 배웅 나오셔서 우리들의 활동을 크게 칭찬해 주시던 교장선생님들의 용기로 저희들은 이만큼 성장했습니다.

　이만큼 오기까지 늘 용기와 격려를 주시는 우정사업본부 김명룡 본부장님과 한국우편물류지원단 천창필 이사장님의 한결같은 관심 고맙습니다. 그리고 편지쓰기강좌가 이만큼 활성화될 수 있도록 묵묵히 뒷받침해주신 각 지방우정청장님의 깊은 사랑 오래 기억하겠습니다.

　풍성한 가을, 모쪼록 이 아름다운 편지글 모음집이 자라나는 청소년들에게 귀감이 되어 정서 순화에 큰 몫을 했으면 하는 마음 간절하며 협조해 주신 학교 선생님들께 다시 한번 큰 인사 올립니다.

　고맙습니다.

2011년 11월

차례

2010년 캠프

강민주 ·· 사랑하는 할머니께_ 22
최혜민 ·· 잔디 같은 우리 부모님께_ 24
허도선 ·· 천안함 해군 장병 아저씨께_ 26
정영욱 ·· 아낌없이 주는 나무 할머니께_ 28
김민재 ·· 증조할머니께_ 30
임혜원 ·· 존경하는 부모님께_ 32
남희주 ·· 보고 싶은 '아구창 선생님'께_ 34
인나윤 ·· 항상 친구 같은 엄마께_ 40
정소현 ·· 우리 집 기둥, 고마우신 나의 할머니께_ 43
성소연 ·· 나의 디딤돌 부모님께_ 46
곽민경 ·· 세상에서 제일 사랑하는 외할머니께_ 49
이주아 ·· 세상에서 제일 미운 언니에게_ 53
김현녕 ·· 언제나 힘이 되어주시는 아버지께_ 57

교실에서 쓴 편지

이도현 ·· 사랑하는 아빠께_ 62
김찬웅 ·· 지혜롭고 대단하신 교장선생님께_ 64
조준혁 ·· 하늘에 계셔도 내 마음을 알아주시는 할아버지께_ 66
김소진 ·· 할머니께_ 68
권홍윤 ·· 할아버지 할머니께_ 70
윤진용 ·· 존경하는 김종숙 선생님께_ 72
이찬의 ·· 아빠의 지갑_ 74
한석규 ·· 류근원 교장선생님께_ 76
소순호 ·· 존경하는 할머니께_ 78
조진희 ·· 예쁜 엄마와 멋진 아빠께_ 80

백화영·· 사랑하는 내 동생 민혁이에게_ 82
정은서·· 나의 영원한 친구 주은이에게_ 85
김근민·· 스티븐 호킹 박사님께_ 87
허가영·· 나에게 가로등이 되어 주시는 아빠께_ 90
김보경·· 할아버지께_ 92
김지윤·· 항상 저를 사랑해 주시는 엄마께_ 95
공나영·· 사랑하는 아빠께_ 97
황수아·· 연평도 주민께_ 99
이선우·· 항상 존경하는 어머니께_ 101
김한별·· 그리운 천성아 선생님께_ 103
김태연·· 존경하는 할머니께_ 105
이이재·· 꾸중으로 고쳐주시는 선생님께_ 107
여윤서·· 사랑하는 엄마께_ 109
김민재·· 소중한 천하무적 사형제의 첫째 찬영이에게_ 111
양윤서·· 끈기있게 노력하는 장애인 친구들에게_ 114
이소희·· 나만의 천사이신 우리 엄마께_ 116
유소희·· 죄송한 조미자 선생님께_ 119
정성윤·· 존경하는 박정웅 선생님께_ 121
이현민·· 현민이에게_ 123
김진석·· 엄마께_ 125
한지원·· 육상대회에 나간 정현이에게_ 127
하이안·· 존경하는 고정욱 선생님께_ 129
홍정인·· 조춘자 선생님께_ 131
장가은·· 보고 싶은 외할아버지께_ 133
김린아·· 가끔 미울 때도 있지만 사랑스러운 내 동생 룬아에게_ 135
권나현·· 사랑하는 김민정 선생님께_ 137
최수현·· 세상에서 가장 사랑하는 어머니 아버지께_ 139

류현수 ·· 사랑하는 엄마께_ 141
정한빈 ·· 소중한 오빠에게_ 143
박예주 ·· 보고 싶은 아버지께_ 145
전성영 ·· 작은엄마께_ 149
정재욱 ·· 사랑하는 외할아버지께_ 152
문정윤 ·· 세상에서 가장 따뜻한 사랑을 주신 할아버지께_ 155
최희선 ·· 사랑하는 어머니께_ 157

 2011년 캠프

홍다은 ·· 사랑하는 아빠께_ 160
조은채 ·· 아빠께_ 162
최 은 ·· 최고보단 최선인 엄마께_ 164
이재민 ·· 사랑하는 엄마께_ 166
이효진 ·· 존경하는 아빠께_ 168
전현택 ·· 사랑하는 부모님께_ 170
박미현 ·· 친구 같은 엄마께_ 172
김보비 ·· 내 인생 최고의 지원군 엄마께_ 175
정병주 ·· 아버지께_ 178
조예원 ·· 사랑하는 여동생 부경에게_ 180
정세명 ·· 고마운 작은형에게_ 182
신지은 ·· 저를 항상 챙겨주시는 고마운 엄마 아빠께_ 184
강민주 ·· 세상에 단 하나뿐인 엄마께_ 186
도현진 ·· 보고 싶은 어머니께_ 188

2010 · 2011년 전국 초·중학생 편지쓰기강좌 캠프

◀ 2011년 캠프 입소식

◀ 중학생 참가자들과 함께

◀ 초등학생 참가자들과 함께

2010·2011년 전국 초·중학생 편지쓰기강좌 캠프

◀2010년 캠프 입소식

중학생 체험활동▶

◀친목을 나누며

▶황미숙 선생님의
　편지쓰기 지도

◀신호현 선생님의 논술특강

▶윤이현 선생님의 동시 특강

2010·2011년 전국 초·중학생 편지쓰기강좌 캠프

◀환영의 밤

▶캠프파이어

◀편지 심사를 마친
　지도교사 선생님들

▶우정사업본부장상을 시상하는
　　김태완 우표팀장

◀한국우편물류지원단 이사장상을 시상하는
　　이지훈 총무팀장

▶(사)한국편지가족회장상을 시상하는
　　박명자 회장

전국 지회별 편지쓰기강좌 활동

▶경인지역 수업 모습
 (유희숙 선생님)

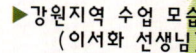

▶강원지역 수업 모습
 (이서화 선생님)

▶광주·전남지역 수업 모습
　(황영실 선생님)

◀대구·경북지역 수업 모습
　(서덕순 선생님)

전국 지회별 편지쓰기강좌 활동

◀제주지역 수업 모습
 (김정련 선생님)

▶전북지역 수업 모습
 (황점숙 선생님)

◀부산·경남지역 수업 모습
　(김미자 선생님)

▶대전·충청지역 수업 모습
　(오명숙 선생님)

전국 지회별 편지쓰기강좌 활동

▶서울지역 수업 모습
　(정연순 선생님)

◀ 서울지역
　박명자 회장의 수업 모습

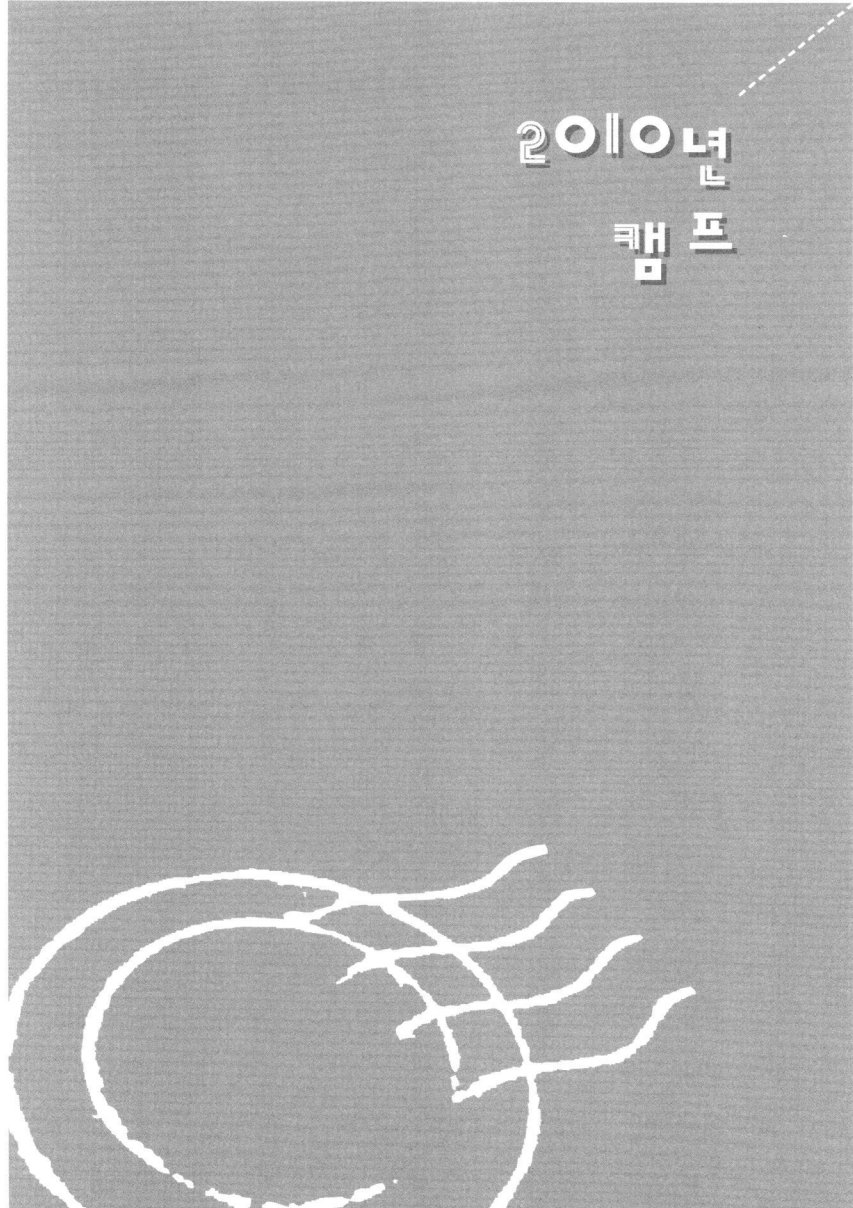

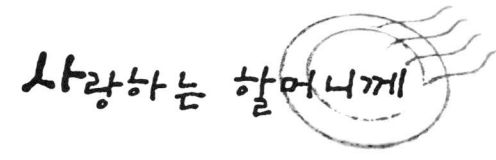

군산 용문초등학교 6학년 강민주

할머니, 안녕하세요?

저 할머니의 손녀 민주예요.

초복 중복 말복도 지나고 이제 가을이 오는 것 같아요. 집 밖에 나가보면 잠자리도 날아다니고 꽃과 나무들도 울긋불긋 변해 있어요.

그런데 엊그제는 많은 비도 내리고 어떤 지역에는 태풍주의보까지 내려 할머니께서 걱정 많이 하셨죠? 저도 정말 걱정 많이 했어요.

이러한 날씨에 할머니께서는 잘 지내세요?

저는 할머니께서 기도해 주셔서 잘 지내고 있어요.

항상 밭에 나가서 밭일만 하시고 시장에 가서 나물 파시니 이런 날씨에도 밭에 가거나 시장에 나가시지 않았는지 정말 걱정 많이 했어요. 저에게는 한 분 밖에 없는 소중한 할머니잖아요.

그런데 할머니께 한 가지 부탁드리고 싶은 것이 있어요. 할머니께서는 밭일, 나물 파시는 일 그 외에도 정말 많은 일을 하시는 것 같아요.

할머니, 저는 할머니께서 일은 적당히 하고 많이 쉬고 무엇보다 건강을 많이 챙기셨으면 좋겠어요. 일을 많이 하셔서 온몸이 다 쑤시고 다리, 허리, 팔, 다 아프시잖아요. 저는 쓰레기 줍는 봉사활동을 10분만 하거나 걸어도 허리와 다리가 아픈데 할머니께서는 일을 매일 하셨으니 얼마나 힘드시겠어요.

할머니, 그러니까 일을 하시더라도 건강을 꼭 챙기면서 해주세요. 생각해보니 항상 저를 위해 기도하고 많이 챙겨주시는 할머니를 위해 저는 아무 것도 해드린 게 없네요. 안부 전화도 안부 방문도 안부편지도….

그러다가 이제야 안부 편지를 드리네요. 할머니, 이 못난 손녀를 사랑해 주셔서 정말 죄송하고 감사합니다. 이제부터는 안부 전화도 안부 방문도, 안부 편지도 자주 드릴 수 있는 손녀로 거듭나겠습니다.

그럼 건강 잘 챙기시고 항상 웃음 잃지 마세요.

사랑 합니다, 할머니.

2010년 8월 12일
할머니를 사랑하는 손녀 민주 올림

잔디 같은 우리 부모님께

서울역촌초등학교 6학년 최혜민

엄마 아빠, 안녕하세요?

6학년 올라 온 게 엊그제 같은데 추운 겨울과 봄이라는 두 계절을 훌쩍 넘어서 계곡에 들어가도 춥지 않은 계절이 되어 잔디는 다시 푸른빛을 띠네요.

엄마 아빠는 정말 저에게 잔디 같은 분이신 것 같아요. 푸른빛을 띠어도 제가 신경 안 쓰고 밟고 다니는 잔디. 하지만 그 잔디는 다시 산들바람을 받고 상처를 털어서 일어나잖아요.

엄마 아빠는 항상 저를 위해 고생을 하십니다. 그런데 저는 그걸 너무 당연하게 생각하고 자란 것 같아요. 하지만 그런 저의 가슴을 찌르는 투정에도 엄마 아빠는 꾸중과 함께 다시 저를 보살펴 주시는 것 같아요.

잔디는 항상 제 주위에서 저를 보고 있어요. 주위를 둘러보면 새파란 잔디가 있으니까요. 이런 면에서도 엄마 아빠는 잔디를

닮으셨어요. 언제 어디서나 저를 지켜보고 계시며 저의 안전을 위해 모든 걸 바치시는 분 같아요.

이렇게 잔디 같은 엄마 아빠, 요즘따라 저는 반항심도 많아지고 친구들과 노는 것, 외모를 가꾸는 것에 좀 많이 치중하고 있는 것 같아요. 그러니 엄마는 결국 저에게 화를 내곤 하시죠. 하지만 그 모든 꾸중도 다 저를 사랑하는 마음으로부터 비롯되는 거겠지요.

솔직히 얼마 전, 엄마 다리에 금이 가서 그동안 저는 엄마를 진짜 많이 도와야했어요. 걷는 게 힘드니 할 수 있는 게 없잖아요. 근데 전 제 일에만 모든 걸 쏟아 부었죠. 솔직히 엄마를 생각하는 마음이 별로 전달되지 않았던 것 같아요. 그런 엄마에게 정말 너무 너무 미안하고 한편으로 감사했어요.

또 아빠, 아빠는 저를 위해 일하시지요? 엄마와 저 우리들을 위해 잠도 얼마 안 주무시는 것 같아요. 제가 가끔 아빠께 말 실수를 하고 기분 나쁠만 한 실수를 하기도 하죠? 그럴 때마다 바다 같이 넓은 마음으로 웃어 넘겨주시는 우리 아빠, 사랑해요.

엄마 아빠, 사랑해요.

2010년 8월 12일
엄마 아빠의 예쁜 딸 혜민 올림

천안함 해군 장병 아저씨께

서울홍제초등학교 5학년 허도선

아저씨, 안녕하세요?

저는 서울 홍제초등학교에 다니는 5학년 8반 허도선이라고 합니다.

제가 천안함 사고 소식을 들었을 때 정말 깜짝 놀랐습니다. 우리를 위해 바다를 지키시는 분들이 다치다니요? 물론 천안함 사고 때 구조된 장병들도 있지만 우리를 위해 돌아가신 분들이 참 많습니다.

사람의 목숨은 돈으로 바꿀 수 없습니다. 해군 장병 아저씨들이 아주 귀한 그 목숨을 잃었다는 게 매우 안타깝습니다.

저는 장병 아저씨들께 매우 감사드립니다. 우리 국민을 다치지 않게 하기 위해서 나라를 지켜주는 것에 감사하고 우리들이 장병 아저씨들을 도와주지 못한 것이 정말 죄송합니다.

지금 솔직히 타임머신이 있다면 과거로 돌아가 장병 아저씨들께 알려드리고 싶습니다. 돌아가신 우리 장병 아저씨들 하늘나라에서 잘 지내시기를 바랍니다.

저희 할아버지께서는 6·25 참전 용사로 전쟁 중 발을 다쳐 국가 유공자이십니다. 그래서 이번 사건이 북한의 짓이라고 밝혀졌을 때 저는 깜짝 놀랐습니다.

왜냐하면 우리나라가 최근까지 북한을 많이 도와주었다고 아버지께서 말씀하시는 것을 들었기 때문입니다. 우리와 한민족이고 우리가 많이 도와주었던 북한이 그런 짓을 저질렀다는 건 놀라지 않을 수 없었습니다.

우리나라에 북한의 잠수함이 1~2대 정도는 들어왔지만 이런 사건은 상상도 못했습니다. 그리고 이번에 북한이 전쟁선포를 했습니다. 왜냐하면 이번 사건이 확실히 북한의 짓이라는 것이 밝혀지면 북한은 매우 곤란해지기 때문입니다. 저는 이러한 북한이 올바르게 대처하는 게 아니라고 생각합니다. 북한은 사과는커녕 반성하는 기미도 보이지 않고 있습니다.

저는 우리에게 많은 것을 알려주고 떠나신 해군 장병 아저씨들이 매우 고맙습니다. 비록 안타깝게 이 세상을 떠나셨지만 좋은 곳에 가서서 편히 주무셨으면 하는 게 제 바람입니다.

삼가 고인의 명복을 빕니다.

2010년 8월 12일
허도선 올림

아낌없이 주는 나무 할머니께

목포 신흥초등학교 4학년 정영욱

할머니, 안녕하세요?

저 영욱이에요.

지난번 저희 가족과 함께 캠프를 가서 저와 동생을 재미있게 해주셔서 감사해요. 저와 엄마가 티격태격 싸울 때 항상 제 편이 되어주시고 저희가 원하는 것을 모두 다 주시는 할머니. 집에서 상할머니 돌보기도 하고 사촌 동생도 돌보고 수족관까지 힘들게 돌보시지만 짜증내지 않고 저희가 갈 때마다 언제나 기쁘게 맞아주셔서 감사해요.

나 같으면 짜증내고 화내며 안한다고 할 텐데 언제나 꿋꿋하게 버티시며 기도를 하시는 우리 할머니. 캠프를 보내 전국에서 많은 친구를 사귀어 외롭지 않게 해주셔서 감사해요.

저는 급식을 먹을 때나 잘 때 다른 사람들 시선을 피하여 기도를 하지만 못할 때도 있어요. 할머니가 오셨으면 당당하게 기도를 하였을 텐데 그런 제가 부끄러워요.

　그렇지만 오늘부터는 비웃음을 사더라도 열심히 기도 할게요. 그리고 할머니 돌아가시기 전까지 이 세상에서 어떤 할머니보다 가장 행복한 할머니가 되도록 제가 만들어 드릴게요.

　거짓말 아니고 진짜로 만들어 드릴게요. 맹세코.

　그럼 할머니, 안녕히 계세요.

2010년 8월 12일

할머니를 사랑하는 큰손자 영욱 올림

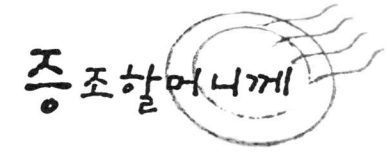

서울홍제초등학교 5학년 김민재

증조할머니, 안녕하세요?

저 민재예요.

편지 받고 깜짝 놀라셨죠?

저는 충청남도에 있는 수련원으로 편지쓰기강좌 캠프를 와서 즐거운 시간을 보내고 있어요.

지금은 편지쓰기 시간인데 문득 증조할머니가 보고 싶어 글을 쓰게 되었어요.

생각해보면 우리 집 우편함에는 항상 많은 편지들이 들어있지만 증조할머니 앞으로 온 우편물은 없었던 것 같아요. 제가 증조할머니 생신 때라도 편지를 썼어야했는데 편지를 안 써서 죄송한 마음이 들었기 때문이에요.

증조할머니를 생각하면 저를 업어 재워 주셨던 기억이 나요. 증조할머니 힘드신데 업어 달라고 떼를 부려 엄마께 혼이 났지만 증조할머니 등은 항상 따뜻하고 편안해서 잠이 잘 왔어요.

  옛날이야기도 많이 해주시고 엄마가 아토피 때문에 못 먹게 하던 과자도 가끔은 사주시고 놀이터에서 다칠까 봐 계속 뒤에서 지켜봐 주셨던 기억 말입니다.

  초등학교에 입학하고 맹장염에 걸렸을 때에는 항상 제 곁에 계셔서 남들은 병원 침실이 무섭다는데 저는 조금도 무섭지 않았어요.

  하지만 지금은 많이 편찮으셔서 노인정이나 뒷산에 산책도 나가시지 못하고 계시잖아요. 얼른 나으셔서 저랑 등산도 해요.

  집에 가면 제일 먼저 증조할머니 어깨 주물러 드릴게요. 꼭 기다리세요.

  마지막으로 드릴 말씀이 있어요.

  증조할머니, 사랑해요.

2010년 8월 12일
증조할머니를 사랑하는 증손자 민재 올림

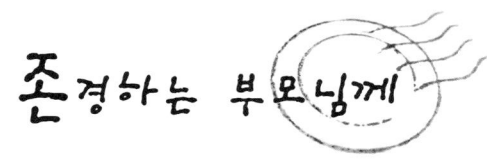

서울서신초등학교 4학년 임혜원

부모님, 안녕하세요?

저는 부모님의 사랑스런 둘째 딸 혜원이에요.

햇빛이 화사하게 드는 계절이네요. 이런 날은 깜직한 동생 채원이와 듬직한 아버지 그리고 아름다운 어머니와 함께 나들이를 가야하지 않을까요? 햇빛이 제 마음까지 화사하게 비추네요. 부모님이 보고 싶은 간절한 마음까지요.

어머니, 어머니께서 이렇게 좋은 캠프에 보내주셔서 감사드리며 저의 국어 실력을 기르도록 노력하겠습니다. 저는 지금 친구들을 많이 사귀어 활기찬 생활을 하고 있어요.

요즘 동생 때문에 힘드시지요? 제가 가면 어머니께 시원한 안마를 해드리겠습니다.

아버지는 회사 일 때문에 걱정 많이 하시지요? 이젠 제가 아버지의 걱정을 풀어드리겠습니다. 저희 때문에 고생하고 힘쓰시는 아버지, 감사합니다. 회사에 다녀오셔서 힘드셔도 보고 싶었다고 말씀하시는 아버지가 너무 감사합니다.

　아버지 어머니, 그동안 힘들게 했던 것 죄송하고 저희에게 자비를 베풀어주셔서 감사합니다.

　집에 갈 때면 더 의젓한 혜원이가 되어 돌아가겠습니다. 이제부터는 부모님께 효도하는 부모님의 자랑스러운 딸이 되겠습니다. 부모님과 함께 소중한 추억 많이 만들 거예요.

　부모님, 사랑하고 감사합니다.

2010년 8월 12일
부모님의 자랑스러운 둘째 딸 혜원 올림

보고 싶은 '아구창 선생님'께

수원 수일여자중학교 2학년 남희주

　장마철이라 그런지 하루에도 몇 번씩 비가 오락가락 변덕을 부리더니 오늘은 날씨가 참 맑습니다. 오히려 쏟아지는 햇살에 눈이 부실 정도예요. 뚝뚝 떨어지는 땀방울에 여름이라는 것이 비로소 실감이 납니다.

　이대석 선생님, 그동안 안녕하셨어요?

　제가 3학년 때 이후로 5년 가까운 시간이 지났는데 혹 몸이 불편하신 건 아닌지 걱정이 됩니다.

　저는 그동안 쑥쑥 자라서 벌써 어엿한 중학교 2학년이 되었답니다. 만날 키 번호 1번이던 땅꼬마 희주가 이젠 164cm로 키 큰 아이들 무리에 끼게 되었다면 믿으실까요?

　저는 지금 여름방학을 맞아 편지쓰기 캠프에 참가하고 있어요. 녹음이 우거진 충청남도의 한적한 수련원 강당에서 시원하게 쏟아지는 시냇물 소리를 듣고 앉아있으려니 선생님의 호탕하고 장난기 가득한 웃음소리가 떠올라 옛 제자로서 안부라도 여쭙고자 이렇게 편지를 씁니다.

　제가 다니는 수일여자중학교는 자연 경관이 아름답기로 소문이 나있습니다. 봄에는 벚꽃들의 향연이 보는 사람을 알싸히 취하게 하고 가을에는 붉은 단풍빛에 눈이 따갑습니다. 겨울에는 헐벗은 나뭇가지마다 소복이 내려앉은 눈꽃이 얼마나 아름다운지요.

　하지만 저는 우리 학교의 가장 아름다운 시기는 바로 여름이라고 생각해요. 온통 초록빛 풀내음으로 가득한 학교를 거닐고 있자면 제 마음까지 경쾌한 초록빛으로 물드는 것 같아요.

　제가 여름에 가장 좋아하는 장소가 어디인 줄 아세요? 바로 저희 학교 본관 옆 등나무 정자예요. 진초록 잎새를 치렁치렁 늘어뜨린 등나무 정자를 바라보고 있으면 옛날 광문초등학교 연못가 등나무 정자에서 혼자 담배를 피우고 계시던 선생님의 모습이 거기 있는 것 같아요.

　제가 선생님을 처음 만났던 건 초등학교 3학년 새 학기 첫날이었죠. 젊고 예쁜 여선생님이 담임선생님이었으면 하고 바랐는데 문을 덜컥 열고 들어 오신 분은 입이 찢어질 듯 장난스럽게 함박웃음을 지으시는 할아버지 선생님이셨어요.

　선생님은 "여러분, 안녕하세요. 앞으로 1년 동안 잘 지내봅시다." 하고 정답게 인사를 건네셨지만 은빛으로 번쩍이는 작은 안경 뒤에서 빛나는 장난기 가득한 초승달 모양의 눈, 가무잡잡한

피부, 그에 비해 너무나도 하얗고 고른 이빨, 그 모든 것이 어린 저를 약간은 겁에 질리게 만들었어요. 꼭 무언가 숨기고 있는 것 같았다고나 할까요? 제 그 불길한 예감은 다음날부터 구체적인 현실로 다가왔어요.

 기억나세요? 선생님. 선생님께서는 1년 동안 짝을 한 번도 안 바꾸어 주셨잖아요. 청소 당번도, 급식 당번도요.

 그런데 문제는 제가 그때 화장실 청소 당번이자 급식 당번이었다는 거죠. 냄새나는 화장실 바닥을 닦으면서 음식물 찌꺼기를 치우고 매일 청소 끝내고 저 혼자만 늦게 집에 가면서 얼마나 선생님을 원망했다구요.

 그 뿐인 줄 아세요? 조금이라도 엉뚱한 소리를 하면 초등학교 3학년짜리 꼬마들에게 "아구창을 날려버린다~!" 하고 소리 지르고 가끔은 때리기도 하셨잖아요. 그리고는 그 하얀 이가 다 보이도록 입을 크게 벌리고 장난스럽게 웃음을 터뜨리셨죠. 그래서 그때 교탁 바로 앞에 앉아있었던 승협이가 많이 맞았잖아요. 그런 일이 있으면 우스우면서도 얼마나 무섭고 당황스러웠는지 몰라요. 그래서 저는 항상 선생님이 무서웠어요.

 그게 다가 아니에요. 선생님이 교실 문을 열고 들어오시면 항상 짙은 담배 냄새가 코끝에 훅 끼쳐 오곤 했어요. 그때 맨 앞자리였던 제가 얼마나 괴로웠는지 아세요? 그럴 땐 정말 선생님이 미웠어요. 학교 가기도 싫었고요.

 다른 반 선생님들은 항상 다정하고 친절하고, 좋은 말씀도 많이 해주신다던데 선생님은 늘 '아구창을 날려버린다' 외의 말씀은 하지 않으셨죠. 그래서 선생님 별명이 '아구창 선생님'이었어요. 알고 계셨어요?

전 항상 집에서 "아구창 선생님 싫어, 아구창 선생님 무서워." 하고 노래를 부르고 다녔죠. 그런데 학부모 수업 참관일에는 얼마나 자상하고 친절한 모습을 보여주시던지….

저희 반 친구들은 그때 처음으로 책상을 옮겨 봤어요. 동그랗게 모여서 듣는 선생님의 사근사근한 설명이 정말 꿈만 같았죠. 비록 다음 날 바로 꿈이 깨어지고 다시 일상의 생활로 돌아가긴 했지만요. 그때도 전 선생님이 정말 이중적이라며 속으로 많이 욕했어요. 그렇게 끔찍한 1년이 지나고 4학년이 되는 날, 얼마나 행복하던지 꼭 감옥에서 풀려난 죄수 혹은 새장을 탈출한 카나리아가 된 기분이었어요.

그렇게 4학년이 된 후 좋은 선생님 만나서 선생님을 조금씩 잊어 갈 무렵, 선생님은 무슨 일 때문인지 저희 반을 찾아오셨죠. 선생님이 문을 열고 들어오시는 순간, 가슴이 덜컥 내려앉는 것 같았어요. 다시 3학년 때로 돌아간 것만 같았거든요.

그런데 입을 딱 벌리고 굳어 있던 저와 눈이 마주치신 선생님은 하얀 이를 드러내고 싱긋 웃어 주시더니 "희주가 이 반이었구나. 희주, 참 잘하지…."라고 다정하게 말씀하시는 거예요. 저는 순간 얼떨떨한 기분에 잠시 멍해졌지만 곧 선생님에 대한 마음속 응어리가 사르르 녹아 없어지는 것을 느꼈어요. 그동안 제게 관심이 없었던 게 아니셨구나! 하는 생각이 들었죠. 그때 처음으로 선생님의 미소가 참 아름답다고 느꼈어요.

그 후 며칠이 지난 뒤에 저는 우연히 선생님을 보게 되었어요. 혼자 연못가 등나무 정자에 앉아 담배를 피우고 계셨죠. 그때 선생님의 뒷모습이 얼마나 쓸쓸해 보였는지 몰라요. 늘 거대한 산처럼 크게만 보였던 선생님이 작고 초라해 보였어요.

전 그때 처음으로 선생님이 그렇게 나쁘지만은 않았다는 생각을 했어요. 선생님이 짝을 안 바꿔 주신 덕에 제 짝과 1년 내내 지내며 친해질 수 있었고, 청소를 하며 학급 친구들에게 봉사하는 기회를 가졌죠. 선생님의 '아구창' 대사에 웃기도 많이 웃었고요. 하지만 선생님 곁으로 가서 한 마디라도 나누어 보고 싶었지만 그러지 못했어요.

그리고 몇 달 후 저는 수원으로 전학을 오게 되었죠. 그때 한 마디 말이라도 건넸더라면 저는 선생님께 '잘 하는 아이' 그 이상의 제자로 기억될 수 있었을까요? 지금 선생님이 제게 특별한 선생님이신 것처럼요. 많이 후회가 됩니다.

며칠 전, 시골에서 가져온 옥수수를 먹으며 선생님을 떠올렸어요. 굵고 탱탱한 알들이 선생님의 하얀 이와 꼭 닮아 있었거든요. 미소가 아름다운 사람을 보아도 선생님이 가장 먼저 생각납니다. 7월 어느 날, 선생님이 제게 보여 주신 세상에서 가장 아름다운 미소를요.

저는 이렇게 항상 선생님을 생각하고 있는데 선생님은 저를 기억이나 하실까요? 지금쯤 꼬부랑 할아버지가 되어 선생님을 그만두셨을 수도 있겠네요.

　언젠가 꼭 다시 한 번 만나 뵙고 싶어요. 아직도 혼자 담배를 피우세요? 담배는 꼭 끊으세요. 건강에 해롭잖아요. 제가 찾아 뵐 때까지 건강하게 계셔야죠. 그때 꼭 다시 한 번 그 환한 웃음을 보여 주셔야죠.

　환하게 내리쬐는 햇살, 선생님의 미소를 닮은 햇살이 저를 미소 짓게 합니다. 그럼 항상 건강하고 행복하시길 빌면서 이만 줄이겠습니다.

　　　　　　　　　　2010년 8월 12일 햇빛 찬란한 여름날
　　　　　　　　'아구창 선생님'의 만년 청소 당번 남희주 올림

항상 친구 같은 엄마께

순천 매산중학교 2학년 인나윤

엄마, 안녕하세요?

저 큰딸 나윤이에요.

시원한 매미소리가 울려퍼지는 요즘, 마치 이불을 덮은 듯 더운 날씨에도 별 탈없이 잘 지내고 계신지 궁금해지네요. 항상 붙어 있다가 이렇게 멀리 떨어져 있으니 보고 싶은 엄마 생각에 밤잠을 못이루는 거 같아요.

이곳 마달피수련원은 비 걱정도 없고 엄마처럼 따스한 햇살만 비춰져서 참 다행인 거 같아요. 엄마도 저와 같은 생각을 하고 계시겠죠?

하지만 솔직히 한 가지 고민이 있다면 그건 낯선 환경에 적응하지 못한다는 것 같아요. 2학년이다 보니 수련회 대신 수학여행을 가고, 방학이다 보니 평소보다 늦잠을 자서 그런가 봐요.

나의 솔직한 마음들을 털어놓을 수 있는 엄마. 엄마란 사람이 있어 제가 이렇게까지 될 수 있었던 것 같아요.

　가끔은 잘못을 해서 혼내셨을 때, 사실 전 제 행동을 되돌아보기보다는 먼저 무작정 엄마를 미워했던 것 같아요. 엄마가 사실은 혼내고 싶지 않을 거란 생각보다는, 날 싫어하나보다라는 현명하지 못한 생각을 했거든요.

　하지만 이번 캠프를 통해서 저는 엄마 마음을 헤아릴 줄 아는 착한 딸이 된 거 같아요. 엄마와 함께 했던 일들을 생각해봄으로써 미안한 감정도 많이 생기고, 난 정말 행복한 아이라는 것도 알게 됐거든요. 진작 알았더라면 엄마 마음을 조금이라도 덜 아프게 했을 텐데….

　그래도 한 가지 분명한 것은 제가 여전히 엄마를 소중하게 생각한다는 거예요. 변하지 않을 마음이기도 하구요.

　제가 이곳에 와서 독후감이랑 논술이랑 편지 쓰는 것을 배웠는데 얼른 집으로 돌아가서 엄마께 자랑하고 싶은 생각에 벌레라도 들어간 듯 온몸이 근질근질 거려요.

　아참! 어제는 골프에 대해 배웠어요. 배우는데 어찌나 어려운지 엄마가 대단하게 느껴졌어요.

　항상 엄마가 고마웠는데 그 마음을 제대로 표현하지 못한 것 같아요. 저번에 제가 친구 같은 엄마가 되어달라고 했을 때, 그 점 고쳐주고 배려해 주셔서 참 고마웠구요. 상담선생님처럼 저의 마음을 함께 이야기 나누면 엄마의 생각을 말해줄 때, 그리고 좋은 조언자가 되어주신 것도 고마웠어요.

저는요, 나중에 누군가가 가장 존경하는 사람이 누구냐고 물어본다면 저는 '엄마'라고 말할래요. 다른 사람에겐 아니더라도 저에게 만큼은 특별하니까요.

엄마, 있잖아요. 앞으로는 말 뿐인 그런 딸이 아니라 행동으로 보여주는 나윤이가 될게요. 저도 이젠 엄마 이야기도 들어줄 수 있는 딸이 되었으니까 기쁨은 두 배로 슬픔은 반씩 나눠야죠.

그때 함께 옷가게 갔을 때도 아줌마가 엄마랑 딸이 되게 친해 보인다고 했을 때 얼마나 기뻤는데요.

앞으로는 악어와 악어새 같은 사이가 돼 보자구요. 엄마 없는 허전함 잘 느꼈으니까 이젠 더욱 잘할게요.

사랑해요.

2010년 8월 12일
캠프 둘째날 엄마가 너무너무 보고 싶은 나윤 올림

우리 집 기둥, 고마우신 나의 할머니께

서울배화여자중학교 2학년 정소현

할머니, 안녕하십니까?

할머니의 손녀 소현이입니다.

시원한 바다의 푸른빛이 별처럼 빛나는 계절 여름도 벌써 8월 중순에 접어들고 있습니다.

저는 편지쓰기강좌 캠프에 와서 잘 하고 있습니다.

할머니도 잘 지내고 계시죠?

할머니와 같은 집에서 산 지 3~4년이 되었는데 편지 한 번 드린 적 없어 죄송한 마음입니다.

할머니, 할머니와 처음으로 가족이 된 날이 기억납니다. 할머니와 같이 살기 전에는 거의 1년에 명절, 생신으로 세 번 정도나 뵈었는데, 같이 산다니 어색하고 무언가 불편했습니다. 그렇게 하루하루 같이 살면서 서서히 할머니가 어색함보단 가족으로만 느껴졌습니다.

그런데 어느 날, 아침에 할머니께서 절 깨우셨습니다. 그 전날 시험공부 때문에 새벽 늦게 잠을 청한 날이었습니다. 할머니께 짜증낼 마음은 없었는데 피곤한 탓에 할머니께 짜증을 부렸습니다.

그 날 이후로 할머니께서는 제가 짜증낼까 봐 조심스럽게 행동하시는 게 제 눈엔 보였습니다. 그치만 저는 어린 마음에 할머니의 그런 모습이 싫어 괜히 짜증과 투정만 부렸습니다. 그렇게 아이처럼 짜증과 투정이 나날이 늘었습니다. 저의 못된 짜증과 투정을 받아주시던 할머니가 소중한 줄 모르고 소중히 대하지 않았습니다.

그러던 어느 날, 할머니께서 엄마 아빠에게 혼자 살고 싶으시다고 말씀하셨습니다. 할머니께서 혼자 살고 싶은 이유가 혼자 사는 게 편하다는 거였지만, 저 때문이라는 걸 알고 있었습니다.

엄마는 엄마 아빠가 맞벌이를 하기 때문에 동생들을 돌보아줄 분은 할머니뿐이고, 할머니께서 저 때문에 힘들어서 혼자 살고 싶어 하신다며 짜증과 투정을 그만 부리라고 혼내셨습니다. 어린 마음에 제가 할머니께 대한 짓을 반성하기는커녕 할머니와 살지 않았으면 좋겠다고 생각했습니다.

며칠 후, 학교에서 집으로 돌아왔습니다. 항상 제가 학교를 다녀오면 저에게 "다녀왔니~"라며 다정히 말씀하시던 할머니의 목소리가 들리지 않았습니다. '정말 할머니께서 혼자 사시려고 가신건가!' 하는 생각이 머릿속을 채웠습니다.

다급한 마음에 엄마께 전화를 걸었습니다. 그런데 할머니께서 다행히 집을 떠나신 게 아니라고 하셨습니다. 할머니를 미워하고 짜증내던 제가 할머니께서 떠나셨을까 봐 걱정을 했었나 봅니다. 그 날 할머니께서 집에 돌아오셔서 할머니의 방에 앉아계셨는데, 그 뒷모습, 할머니의 굽은 등을 보았습니다. 갑자기 마음이 찡해졌습니다. 가슴에서부터 뜨거운 무언가가 올라오는 것을 느꼈습니다.

제가 이 편지를 쓰면서 영화 〈집으로〉가 생각났습니다. 주인공 남자아이도 할머니께 짜증과 투정을 많이 부렸었는데, 결국 할머니에 대한 사랑을 깨닫는 내용입니다. 그 영화를 보면서 할머니가 많이 떠올랐습니다.

할머니, 제가 아직도 종종 짜증 부리고 서운하게 하는 행동들을 합니다. 할머니께 부렸던 못된 짜증과 투정이 진심이 아니었습니다. 용서해 주세요.

할머니, 손녀 손자를 볼 수 있도록 오래오래 건강하시길 바랍니다. 제가 말을 살갑게 하질 못합니다. 그리고 할머니께 사랑한다는 말을 드린 적 없습니다. 이제 말할 수 있을 것 같습니다.

우리 집 기둥이신 할머니, 사랑합니다.

2010년 8월 12일
할머니를 사랑하는 손녀 소현 올림

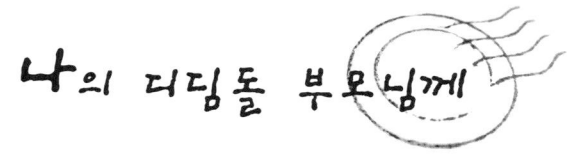

부천중학교 1학년 성소연

부모님, 안녕하세요?

저 부모님의 큰딸 소연이에요. 벌써 매미들이 노래하고 나무들이 푸르게 자란 여름의 막바지네요. 저는 충남 금산 마달피수련원에 와서 편지에 대한 많은 것들도 배우고 재미있는 체험활동도 하며 유익하고 알찬 프로그램들을 하며 잘 지내고 있어요.

제가 없는 동안 평안히 잘 지내고 계시지요?

부모님, 요즘 제가 말도 잘 듣지 않고, 동생들과도 싸우게 되네요. 그렇게 하지 않았으면 좋겠는데, 저도 모르게 부모님을 힘들게 해서 죄송해요.

그런데 동생들이 먼저 잘못했을 때도 있고, 동생들이 저를 화나게 만들 때도 있는데, 부모님께서는 왜 저만 혼내고 제 이야기는 들으려고도 하지 않는지 궁금해요. 분명 부모님도 동생들이 잘못한 점도 있다는 것을 아실 텐데요.

앞으로는 제 말에도 귀 기울여주시고 동생들을 너무 감싸고만 돌지 않으셨으면 좋겠어요. 무조건 화내는 것보단 자신 스스로 깨닫게 하는 것이 더 좋은 교육이라는 말도 있어요. 저도 조금 더 생각해보고 나서 행동하고 부모님 힘드시지 않게 노력하도록 할게요.

하지만 저에게 힘을 주시고, 제가 한 발짝씩 앞으로 나아갈 수 있도록 도움을 주신 것은 매우 감사해하고 있어요. 가끔 힘들어 할 때면 다독거려 주실 때 기분이 좋았고 왠지 모르게 힘이 나는 것 같았어요. 앞으로도 제가 힘들어 하고 어떻게 해야 할지 모를 때 좋은 조언해 주시면 좋을 것 같아요.

부모님, 이번에 이사를 가는 것 때문에 그러신지는 잘 모르겠지만, 부모님이 너무 힘들어 보이고 지쳐 보이시는 것 같아요. 얼른 기운 차리셔서 힘이 불끈불끈 나셨으면 좋겠어요. 부모님께서 어떤 방향으로든 저에게 많은 도움을 주신 것에 보답하는 길은 한 가지 밖에 없겠네요.

공부를 열심히 해서 제가 컸을 때, 좋은 직업을 가져서 부모님께 걱정과 부담감을 안겨 드리지 않게 해 드릴게요. 계속 생각해보니 부모님이 저에게 해 주신 것들이 매우 많고 고마운 것들도 많은 것 같아요. 제가 나중에 커서 성공하면 부모님께 가장 먼저 달려갈 것 같아요. 부모님이 저에게 주신 도움들이 헛되지 않게 열심히 노력하도록 할게요.

또 저에 대한 기대도 무너져 내리지 않게 탄탄히 기초를 다잡고 계단을 올라가듯이 점점 위로 올라가도록 할게요. 물론 뒤로 몇 걸음 물러서야 할 때도 있을 것이고 순식간에 많이 올라갈 수도 있을 거예요. 그렇지만 포기하지 않고 헬렌 켈러처럼 환경이 좋지 않아도 끊임없이 나아가도록 할게요.

제가 이번 캠프에 와서 배운 것들 중에 편지를 잘 쓰는 방법을 배웠어요. 알려드리자면 첫 번째는 책을 많이 읽고, 두 번째는 감동이에요. 또 세 번째는 솔직담백하게 이야기 하듯이 쓰는 거래요. 이 세 가지를 잘 사용하면 좋은 편지를 쓸 수 있다고 하네요. 예전에는 그냥 제 마음대로 편지를 썼지만 이제부터 편지를 쓸 때에는 이 세 가지 방법을 유용하게 사용해야겠네요.

이번 캠프에 오길 잘한 것 같아요. 잘 알지 못하는 편지에 대해 배웠고 체험활동도 재미나게 하니 말이에요. 편지의 좋은 점도 알게 되었어요. 편지를 손으로 쓰면 전자우편 같은 것에 없는 감동을 느낄 수 있고 정도 깊게 느낄 수 있다는 것이에요.

편지를 쓰다 보니 이번 캠프에 대해 할말이 무척 많네요. 지금 모두 다 말해드리고 싶지만 그러면 재미가 없으니까 집에 가서 마저 이야기 하도록 할게요. 할 말이 많지만 이만 줄이도록 할게요. 걱정하시지 말고 안녕히 계세요. 사랑해요.

2010년 8월 12일
부모님의 영원한 별 소연 올림

세상에서 제일 사랑하는 외할머니께

부산 유락여자중학교 3학년 곽민경

할머니, 큰손녀 민경이에요.

가만히 있어도 땀이 이슬마냥 송글송글 맺히는 이 무더운 여름날, 몸 건강히 지내시나요?

저는 지금 충남 금산에 있는 청소년 수련원에 와 있습니다. 어제는 체해서 하루 종일 아팠는데 한숨 자고 나니 괜찮아졌어요. 부산보다 맑은 공기를 마시며 상쾌한 아침을 맞았답니다.

중학생이라 바쁘다고 전화도 자주 안드리고 외갓집에도 자주 못 가서 죄송스럽습니다. 무뚝뚝한 성격 때문에 표현도 잘 못하는 손녀가 갑자기 편지를 써서 놀라셨을 지도 모르겠어요. 편지쓰기강좌 캠프에 와 있으니 용기가 나나 봐요.

어쩌면 지금 제 편지를 읽으며 웃고 계실지도 모르겠어요. 늘 편하게 말하다가 존댓말을 쓰니까요. 저도 심히 어색한데 할머니는 얼마나 어색하실까요. 음, 약간 민망하기도 하고 불편하기도 합니다.

　할머니께서는 몇 해 전, 존댓말에 대한 불편함보다 몇 배나 더 힘든 일을 겪으셨죠. 유방암, 말하는 것만으로도 온몸에 소름이 돋는 것 같은데 할머니 얼마나 힘드셨어요. 저는 그때도 할머니를 찾아뵙지 못했는데 혼자 얼마나 힘드셨을지 상상조차 할 수 없습니다. 그래서 더 죄송하고 슬퍼요. 어려서부터 키워주셨는데 아무것도 해 드릴 수 있는 게 없는 것 같아서요.

　기억나세요? 저 두 살 즈음에 막 걸음마 시작했던 때, 걷다가 넘어져서 탁자에 머리 박고 일어나면서 또 부딪혀 이마에 보조개처럼 쏙 들어간 흉터가 생겼는데 그거 아직 있답니다. 그게 있어서 그때 일을 기억 할 수 있는 거예요. 꼭 기억샘 같지 않나요?

　아, 그것도 기억나요. 화장실에서 '응가' 하고 나서 닦아달라고 할머니를 불렀었죠. 아마 네 살 정도 됐을 거예요. 그때 할머니께서 "아유, 냄새!" 하셨잖아요. 그래서 전 "냄새 안 나는 똥 봤어?"라고 했죠. 참 당돌했네요.

　저, 다섯 살 쯤 되었던가요. 그때는 천자문을 다 외워서 지하철에서, 버스에서 보이는 한자마다 "어! 할머니! 저거 하늘 천(天)자 지?"라며 아는 체 했었죠. 그때마다 주위 어른들께서 칭찬해 주셨잖아요. 럭키 아파트 쪽에 물 길러 갈 때면 늘 고로케나 꽈배기를 사주셨으니 전 아직도 그것들을 좋아해요.

　제가 일곱 살 때 다섯 살이던 민재가 교통사고를 당했죠. 다행히 큰 문제는 없었지만 발 피부가 벗겨져서 수차례 성형수술을 받아야 했었죠. 아직 흉터는 있지만 건강히 잘 지낸답니다.

그러고나서 우리 가족은 동래구 수안동으로, 할머니는 양산으로 이사를 갔고, 그 이후로 양산에 가는 일이 잦았죠.

민재는 초등학교 2학년 제가 4학년 때, 민재가 자전거를 타고 언덕에서 내려오다가 넘어져 온 얼굴에 상처가 생겼었던 일, 아마 기억하실 거예요. 워낙 강렬한 장면이었으니까요.

조금 시간이 흐른 뒤에 할머니께서 양산시장에 가셔서 토끼를 사오셨죠. 어찌나 귀엽던지. 그 토끼들이 어떻게 됐는지는 기억이 나질 않아요.

제 졸업식, 그리고 중학교 입학식 때는 선생님이시라 바쁜 엄마 아빠 대신 할머니께서 오셨죠. 그때 얼마나 으쓱했는지 몰라요. 주름도 별로 없고 머리도 검고 손수 운전도 하시고 다른 할머니들보다 멋진 모습에 정말 으쓱했어요.

아마 그때 할머니께서 59살이실 때 인 것 같아요. 젊은 나이에 동규오빠(외사촌)가 태어나서 할머니 소릴 들으시고 40대 때 제가 태어났죠. 제 어릴 적 기억 모든 것에 할머니가 계세요. 아플 때, 슬플 때, 상 탔을 때, 1등 했을 때 언제나 할머니 옆이었어요.

요즘도 슬플 때면 할머니가 제일 먼저 떠올라요. 늘 옆에서 사랑을 주셨는데 해 드릴 수 있는 게 별로 없어서 너무 죄송해요. 이젠 아무리 바빠도 전화도 하고 자주 찾아뵐게요.

제가 표현은 잘 못하지만 할머니를 누구보다 많이 사랑해요. 늘 할머니 생각을 하고 할머니 얼굴을 떠올려요. 하늘만큼 땅만큼 저 우주의 티끌 갯수만큼 사랑해요. 엄마가 바쁘실 때 엄마처럼 돌봐주신 할머니를요.

건강하시고 탈없이 여름 나시길 바랍니다.

안녕히 계세요. 사랑합니다.

2010년 8월 12일
누구보다 할머니를 사랑하는 손녀 민경 올림

세상에서 제일 미운 언니에게

용인 이현중학교 3학년 이주아

안녕? 언니야.

나 언니의 하나뿐인 동생 주아야.

이렇게 언니에게 편지를 써 본 게 얼마 만인지 모르겠어. 벌써 시간이 흘러 우리가 태어났던 그날처럼 싱그러운 초록빛이 만발한 여름이 찾아왔어.

언니는 잘 지내고 있어?

마냥 길 것만 같던 방학이 다 지나가 버려서 아쉽지? 나도 그래. 내가 무슨 바람이 불어서 미워하는 언니에게 편지를 썼는지 궁금하지? 사실 편지를 쓴다는 말을 듣고 문득 언니가 생각났어. 그래서 나는 언니에게 말로 전하지 못한 것을 지금 이 편지에나마 전하려고 하니 지루하고 재미없는 말 일지라도 꼭 들어줬으면 해.

언니, 우린 같은 계절인 6월에 같은 뱃속에서 태어난 둘도 없는 자매야. 비록 우리는 5살이나 차이 나지만 내가 태어나기 전에 언니는 누구보다 나를 무척 기다렸고 또 무사하길 바랄 정도로 아껴주었잖아.

그런데 우리가 태어나고 자라나면서 과연 언니와 내가 서로 아꼈을까? 왜 그랬는지 모르지만 지금까지도 우리는 서로 언성을 높이고, 때로는 과할 정도로 싸움까지 하는 자매가 되어버렸어. 우리는 때때로 서로를 이해하지 못했지.

어릴 때 언니는 내가 부모님의 사랑을 빼앗는 것 같아 미웠을 테고, 나는 나를 미워하는 언니가 정말 원망스럽고 화가 났어. 그 어린 아이들의 감정은 그저 단순한 어리광일 뿐이었다고 생각해.

하지만 지금은 우리가 싸울 때의 감정은 그저 미움밖에 아니 증오밖에 남지 않았어. 별 것도 아닌 일로 싸우고 뒤에서 서로를 헐뜯고 그런 일에 지쳐갈 정도야.

언니, 혹시 기억해? 우리가 정말 심하게 싸웠던 날 말이야. 언니는 잊었을 지 몰라도 나는 아직 그 날을 잊지 못해. 그 날은 언니 학교가 방학을 해서 아빠를 제외하고 가족 3명이 집안에 있었지. 공부에 지쳐 있던 나는 한창 신경이 예민해져서 기분이 좋지 않았고, 언니는 공부를 하지 않는 나를 못마땅하게 여겨 혼냈어.

나는 방금 전까지 공부를 하고 잠시 쉬고 있던 참이라, 그렇게 바가지인 양 긁어대는 언니가 정말 짜증났어. 그래서 소리를 질러버렸지. 언니는 그런 내가 괘씸해서 같이 소리를 질렀고 나는 언니에게 계속 대들었지. 화가 난 언니는 그런 나를 때려버렸어. 나는 그때 너무 억울하고 분해서 눈물을 참을 수 없었지.

언니는 소리치고 울면서 나의 책을 빼앗아 찢어버렸어. 그 종이들처럼 나도 갈기갈기 찢겨버리는 것 같았어. 그때 우리의 감정은 이 전에 꾹꾹 눌러 담았던 것들과 같이 폭발해 돌이킬 수 없는 결과를 가져올 뻔했어.

기억 나? 언니가 금방이라도 울음을 터트릴듯한 얼굴로 베란다 앞으로 걸어가서 이렇게 말했었잖아.

"언니가 그렇게 미워? 그럼 언니 지금 여기서 뛰어내릴까?"

그때 나는 가만히 앉아서 오열하기만 하고 언니를 쳐다보지도 않았지. 내 마음이 어땠는지 알아? 사실 언니가 그대로 떨어져서 죽어버렸음 좋겠다고 생각했어. 다른 친구의 언니들은 항상 동생을 아껴주고 예뻐한다는데 나만 미워하는 내 친언니가 차라리 죽어버리고 날 아껴주는 새언니가 찾아왔으면 좋겠다고 생각했었어.

근데 언니, 이제 알아. 언니도 그때의 나처럼 죽을 만큼 힘들었던 시절이었다는 거. 내가 책을 찾으려고 언니 방에 들어갔었는데 모르고 언니 옛날 일기장을 보고 말았어. 거기에는 한창 사춘기 시절의 언니가 고민했던 내용이 적혀있었지. 그 시절 언니와 지금의 나는 정말 닮아 있었어.

우린 똑같이 죽음이나 성적, 외모에 대한 고민들을 했었던 거야. 다른 것이 있다면 언니는 이미 그것을 극복했고 난 아직 겪고 있다는 것이지. 그것을 알고 나서 난 깨달았어. 언니가 나를 사랑한다는 것을.

　언니는 이미 겪었으니 힘들어 하고 있는 나를 이끌어 주고 싶었던 거야. 언니라는 책임감과 피로 맺어진 자매에 대한 애정 때문에 나를 내버려 두지 않았던 거 맞지?

　언니, 있잖아. 나 사실 언니를 증오했던 것이 아니라 질투했던 거라고 생각해. 항상 당당하고 활기찬 언니를 부러워했고 또 동경했던 거야. 나는 왜 저렇게 될 수 없을까? 라는 '질투'의 감정을 '미움'의 감정으로 오해하고 있었던 거야.

　내 하나뿐인 언니야, 호오포노포노 부족의 신기한 치료법을 알아? 그 사람들은 다른 사람의 마음의 병을 치료할 때, 이렇게 속으로 말한대.

　"사랑합니다. 미안합니다. 용서해 주세요. 감사합니다."

　언니, 나는 이 호오포노포노의 비법을 믿고 싶어. 언니를 미워하고 증오하며 죽기를 바랐던 이 못난 동생을 용서해 줄래?

　하나뿐인 내 소중한 언니, 사랑해. 미안해. 용서해 줘. 그리고 고마워.

　　　2010년 8월 12일 우리가 함께 보내는 열여섯 번째 여름날에
　　　　　　　　　　　　　　　　언니의 못난 동생으로부터

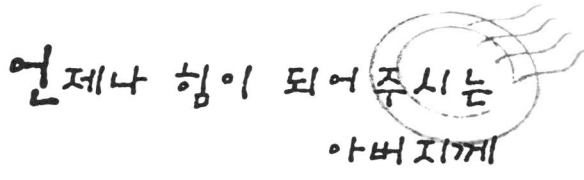

서울휘경중학교 2학년 김현녕

아버지, 잘 계시죠?

이곳 마달피수련원에 온 지도 벌써 하루가 지나갔어요.

제가 여기 오기 전엔 걱정도 조금 했었지만 친구들도 착하고 편지쓰기강좌 캠프도 재미있어요. 그러니까 걱정하지 마시고 편안히 계세요.

지금은 편지쓰기 시간인데 제 주위 친구들은 거의 어머니께 쓰네요. 저도 어머니께 쓸까 했지만 아버지들께서는 이런 편지도 잘 못 받으시고 대부분 아이들이 집에서 어머니와 지내는 시간이 많고 해서 이렇게 편지를 아버지께 씁니다.

아버지, 기억나세요? 옛날에 아버지께서 허리를 다치셔서 119를 불러 응급차에 실려 가셨던 일. 그때 저는 동생을 외면한 채 하늘을 바라볼 수 밖에 없었습니다. 왠지 모르게 차오르는 눈물 때문이었습니다. 동생이 제 눈물을 보고는 어린 나이에 자신도 눈물이 난다며 눈물을 흘리더군요. 그때 어머니와 아버지께서는 괜찮다고 하면서 오히려 저를 위로해 주시고 병원으로 가셨습니다.

이제와 생각해보니 그때 더 침착하여 믿음직스러운 큰딸이 되었어야 했는데 그러지 못한 것 같아 부끄럽네요. 아버지께서는 아파서 병원에 걸어가지도 못하면서 저희들을 위로해 주시는 게 지금도 너무 짠합니다.

저는 예전에 '괴물'이라는 영화를 본 적이 있습니다. 한강둔치에 나타난 괴물이 사람들을 해치다가 어떤 한 아버지의 딸을 데려갔습니다. 그러자 그 가족들이, 특히 아버지께서 딸을 구하기 위해 온갖 사투와 시련을 겪습니다. 그러다가는 할아버지도 죽습니다.

철없던 저는 그 영화를 보고 친구들과 "괴물 진짜 짱이다, 완전 멋있어." 이런 얘기만 했지 숭늉같이 끓이면 끓일수록 계속 우러나오는 아버지의 깊은 사랑은 느끼지 못하였습니다.

하지만 이제 아버지의 그 숭늉 같은 사랑을 조금이나마 알 수 있을 것 같습니다. '괴물'에 나오는 아버지의 모습이 그렇게 멋있고 방패 같은 존재가 바로 저의 아버지였다는 것을 미련하게도 몰랐습니다.

입 안에 작은 것 하나라도 나면 비타민C 챙겨먹으라며 돈을 손에 쥐어주시고, 제가 기분이 좋지 않은 것 같으면 왜 그러냐며 자상하게 물어주시고, 그냥 누워있을 때도 어디 아프냐며 제 머리에 물수건을 올려 주시던 아버지가 이 편지를 쓰면서 영화의 한 장면처럼 머릿속에 흐르네요.

　언제나 아침 일찍 나가시고 저녁 늦게 돌아오시는 모습을 보면 마음이 아파요. 제가 아버지께 활력소 같은 존재가 되어야 하는데 깊은 얘기도 잘 나눈 적 없고 애교도 없어 그런 존재가 되지 못한 것 같아 죄송해요.

　아버지는 곁에서 듬직한 나무가 되어 가끔은 열매도 주시고 강렬한 햇빛도 가려주시죠. 이제부터는 제가 하늘이 되어 비를 내리고 빛을 드릴게요. 시계의 건전지처럼, 사막의 오아시스처럼 아버지에게 힘과 활력소가 되어 드릴게요. 앞으로 아버지께도 편지 많이 드릴게요.

　아버지, 사랑하고요. 제가 다 커서 진정한 효도를 할 때까지 우리 가족 건강하고 예쁘게 살아요.

2010년 8월 12일
아버지의 활력소가 되고픈 자랑스러운 딸 현녕 올림

교실에서 쓴
편지

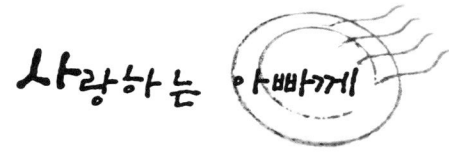

인천산곡초등학교 2학년 이도현

아빠, 안녕하세요?

오늘은 교실에서 편지를 씁니다.

아빠는 늘 일하시느라 힘들어서 가을이 오는 지도 모르실 거 같아요. 그러니까 제가 하루에 한 번씩 어깨 주물러 드릴게요.

그리고 아빠, 제가 그동안 말을 안 들어서 속이 많이 상하셨죠? 심부름하기, 공부 잘하기, 게임 조금만 하기. 앞으로는 말을 잘 들어서 아빠 속 안 상하게 할게요.

아빠, 소원이 하나 있어요. 제주도와 에버랜드를 가보고 싶어요. 왜냐하면 한 번도 안 가봤고 어떻게 생겼는지 보고 싶어서 그래요.

그러니까 제발 한 번만 데려가 주세요. 놀이기구도 타고 싶고 비행기도 타고 싶어요.

언젠가 아빠한테 세게 맞은 적이 있어요. 제가 잘못했고, 그게 다 저를 위해서 그러시는 건 아는데 너무 세게 때리지는 마세요. 왜냐하면 너무너무 아프기 때문이에요. 저도 말 잘 들을게요.

   아빠, 저를 잘 키워주셔서 고맙습니다.

   그럼 이만 쓸게요.

   아빠, 사랑해요.

2011년 9월 22일
도현 올림

지혜롭고 대단하신 교장선생님께

완주 간중초등학교 3학년 김찬웅

따뜻하고 꽃향기 향긋하던 봄이 벌써 마무리를 짓고 있습니다.

교장선생님, 저 찬웅이에요.

교장선생님께서 지혜롭고 대단하셔서 이렇게 편지를 쓰게 되었네요.

교장선생님께서는 시험을 잘 본 사람에게 상장을 주시는데 그때마다 우리 간중초등학교 학생들에게 지혜로운 마음이 담긴 훈화를 들려 주셨어요. 그런 교장선생님 덕분에 우리 학교는 점점 더 발전될 수 있었어요. 정말로 감사합니다.

우리 학교는 사교육 없는 학교이기 때문에 유명해요. 태권도, 요가, 독서논술, 주산암산 등을 배우며 점점 더 지혜롭게 살아가고 있어요.

이렇게 우리 학교를 발전할 수 있도록 만들어주신 교장선생님을 전 존경하고 대단하시다고 생각해요. 저는 이제부터 바르고 지혜로운 삶을 살아갈게요. 교장선생님께서도 언제나 바른 삶을 사는 저의 모습 기대해 주세요.

아참! 우리 학교가 발전되어 '예술 꽃 씨앗학교'까지 가게 되었어요. 우리들은 국악기 중 타악기인 장구를 배우고 있어요. 처음 이럴 줄 몰랐던 저는 이 간중초등학교가 낯설었어요. 하지만 간중초등학교에 전학 오길 잘한 것 같네요.

우리에게 지혜로운 말씀을 해주시는 교장선생님, 언제나 건강하세요.

다음에도 꼭 편지 드릴게요.

안녕히 계세요.

2011년 5월 27일
교장선생님을 존경하는 김찬웅 올림

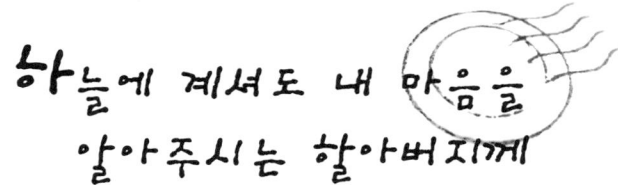

하늘에 계셔도 내 마음을 알아주시는 할아버지께

제주 조천초등학교 교래분교 5학년 조준혁

할아버지, 돌아가신 후로 많은 시간이 흘렀네요.

저는 할아버지께서 걱정 안 하셔도 잘 지내고 있어요. 컴퓨터 시험도 합격하고 영재 시험에도 합격했어요.

오늘 한국편지가족 선생님들이 학교에 오셔서 편지에 대해 설명해 주셨어요. 문득 할아버지께서 돌아가신 후로 오랫동안 할아버지와 말을 나누지 못했다는 생각이 들어서 편지를 쓰게 되었어요.

할아버지께 알려드릴 게 얼마나 많은지 아세요? 할아버지께서 돌아가시고 나서 저희는 집을 하나 샀어요. 이사를 안 다녀도 되고 깨끗하고 커서 좋아요. 저희 가족은 이사 온 집에서 오순도순 행복하게 살고 있어요. 새 집에서 할아버지랑 같이 살고 싶었는데 참 아쉬워요.

할머니는 할아버지가 보고 싶어서 겉으론 안 우셔도 속으로

울고 계실 거 같아요. 할아버지 말을 할 때면 조용하시거든요. 그러면 저도 울고 싶어져요.

할아버지는 하늘에서 아무와도 결혼하지 마세요, 할머니도 아무와 결혼을 안 하셨으니까요. 오직 할머니만 생각하고 사세요.

그리고 고모는 아기를 낳았어요. 다들 예쁘다 하고 씩씩하다고 하고 아기가 어쩜 저렇게 크냐고 하는데 저는 사실 예쁜지 잘 모르겠어요.

그런데 정말 작아요. 그리고 울 때는 시끄러워요. 저도 그렇게 울었다고 하는데 정말 그랬나 궁금해요.

그리고 제일 중요한 또 하나는 할아버지의 막내아들(작은아빠)이 결혼을 하셨어요. 좋으시죠? 할머니께서 아주 좋아하세요. 할아버지께서 저를 많이 아껴주셨던 생각이 나네요.

시간이 많이 흘러 다들 편지쓰기를 마무리 하는 것 같아요. 저도 이만 마칠게요. 제사 지낼 때까지 부디 몸조심하시기 바랍니다.

주소가 바뀌었어요. 다음 제사 때는 여기로 찾아오세요.
제주시 조천읍 조천리 14**-4번지

2011년 새학기 새봄 할아버지의 얼굴이 떠오르는 3월 19일
할아버지랑 속닥속닥 다투고 싶은 손자 준혁 올림

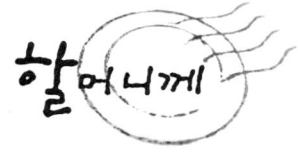

고흥 동초등학교 2학년 김소진

    낙엽이 팔랑팔랑 날린 게 엊그제 같은데 벌써 서리가 내리면서 추운 겨울이 오기 시작하네요.
    할머니, 저 소진이에요.
    저는 학교 공부 열심히 하며 친구들과도 잘 어울려 지내고 있어요.
    할머니는 가게 장사 잘 되시죠? 가게에 손님들도 많이 오고 과일도 잘 팔리고요?
    저는 할머니 장사 잘되게 해달라고 기도하고 있어요.
    할머니, 생각나세요? 엄마 아빠가 우리를 봐 줄 시간이 없어서 날마다 할머니가 우리 집에 오셔서 우리를 봐 주셨죠. 아침마다 옷타령하고 제 마음대로 고집 부려서 죄송해요.
    저 어렸을 적에 어린이집에서 먹었던 맛있는 팥죽 한 그릇이 아직도 기억에 남네요. 제가 다니던 어린이집 주방에 찾아가면 맛있는 것도 주셨잖아요. 저에게 다정했던 할머니가 어린이집 주방장으로 일하셔서 행복했어요.

  언제나 저에게 웃는 모습 보여주시고 돌보아 주셔서 감사해요. 저는 할머니를 '대한민국 팥죽 요리사'로 인정할 거예요. 노래도 잘하시고 요리도 잘하시고 모든 것을 잘하시는 할머니가 계셔서 정말 뿌듯하고 자랑스러워요.

  할머니, 앞으로도 웃는 모습과 좋은 모습 보여 주세요. 저도 할머니 그 모습 본 받아서 좋은 사람 될게요.

  안녕히 계세요.

2010년 12월 21일
소진 올림

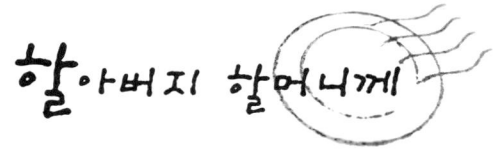

대구덕성초등학교 3학년 권홍윤

　푸른 하늘 아래 초록빛 나무가 흔들거리는 계절이에요.
　할아버지 할머니, 안녕하세요?
　저는 아침마다 빠르게 준비하고 재미있는 학교생활을 하고 있어요.
　요즘 저희 집에는 햄스터를 키우고 있는데 요리조리 걸어 다니는 모습이 꼭 갓난아기 같아서 정말 귀여워요. 또 물고기도 키우는데 커다란 주황 물고기 두 마리가 계속 싸워요. 여자 남자인데요. 여자가 남자보다 힘이 센 거 있죠. 정말 웃기고 황당해요. 그리고 또 장수풍뎅이도 키우는데요. 음, 원! 애벌레 때 죽었어요. 흑흑.
　할아버지 할머니, 강아지들은 잘 크고 있어요? 도망간 강아지는 없고요? 제가 할아버지 댁에 갔을 때 만약 도망간 개가 돌아오면 아주 혼내줄 거예요.

아참! 이 편지 말이에요. 학교에 어떤 선생님들이 오셔서 쓰는 건데요, 할머니 선생님이에요. 그런데 할머니 선생님이 오시니까 더 재미있고 편지가 잘 써지는 것 같아요. 처음엔 머뭇거렸지만 머릿속에서 정리해보니 자동 로봇처럼 쓱쓱 잘 써지네요.

그리고 저 할아버지 할머니 댁에 가면 할아버지께 한자 배울래요.

하늘 천, 땅 지, 검을 현, 누루 황….

히히 저 잘 하죠? 그런데 문제는 여기까지 밖에 몰라요. 제가 잘 외울 테니까 할아버지는 옆에서 한번 지켜보세요. 놀라실 걸요.

그럼 할아버지 할머니 댁에서 봬요. 안녕히 계세요.

2011년 6월 30일
할아버지 할머니의 1호 보물 홍윤 올림

존경하는 김종숙 선생님께

대전 신계초등학교 2학년 윤진용

선생님, 안녕하세요?

저 진용이에요. 같은 학교에 있어도 지금은 제가 2학년이라서 선생님을 자주 만날 수 없지만 아직도 선생님 생각이 많이 나요. 제가 제일 존경하는 선생님은 바로 선생님이니까요.

아마 선생님이 아니었다면 저는 신계초등학교 1학년 1반에 다니지 못했을 거예요. 제가 학교 끝나면 돌봐 줄 사람이 없어서 엄마가 다니는 학교에 입학하기로 했었는데 선생님께서 저를 잘 돌봐 주시기로 해서 신계초등학교에 입학을 하여 선생님과 친구들을 알게 되었고, 지금 이렇게 2학년이 된 거라고 엄마께서 말씀해 주셨어요. 선생님을 만나게 된 것이 얼마나 잘 된 일인지 몰라요.

선생님은 작년 1학년 1반 때 재미있는 활동을 많이 해주시고, 공부를 열심히 가르쳐 주셔서 기억에 많이 남고 정말 좋았어요.

저는 아는 게 별로 없었는데 선생님께서 많은 걸 가르쳐 주시고 잘 이끌어 주셔서 많이 배우고 알게 된 거예요.

또 토요일에 우리 반 전체가 쟁기봉에 올라갔던 일, 모두가 밥을 싸와서 커다란 통에 넣고 비벼 먹던 '한솥밥 먹기'처럼 재미있는 활동도 많이 해 주셔서 작년에 선생님과 친구들이 함께했던 1학년 1반이 그립답니다.

선생님, 그립죠? 작년 우리 반에서의 그 즐거운 공부와 활동 말이에요. 저는 너무너무 그립습니다. 2학년이 된 지금도 물론 재밌고 즐겁지만 그때의 기억이 아직도 남아 있답니다.

제일 재미있었던 것은 '달걀 아기 기르기'였어요. 선생님께서 우리에게 하나씩 주신 달걀을 깨뜨리지 않고 조심조심 잘 버티는 게 재미있었어요. 달걀을 깨뜨린 친구가 있었죠? 사실 저도 학교에서는 잘 가지고 있었는데 피아노 학원에서 깨뜨리고 말았어요. 그때 달걀 아기 기르기를 하면서 부모님과 선생님께서 우리를 위해 얼마나 애쓰시는지 조금은 알 것 같았어요. 저는 선생님의 고마움을 잊을 수가 없어요.

선생님, 편지를 쓰면서 작년에 했던 일들을 생각해보니 선생님이 너무 보고 싶어요. 앞으로도 선생님 생각 많이 하고 자주 찾아뵐게요. 또 열심히 공부해서 선생님처럼 훌륭한 사람이 될게요. 항상 건강하세요.

2011년 4월 30일
진용이 올림

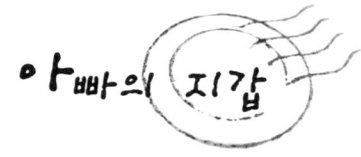

남해 성명초등학교 6학년 이찬의

 아빠, 안녕하세요? 아빠의 하나 밖에 없는 아들 찬의에요.
 날씨가 쌀쌀해져서 일하시기 힘드시죠? 저를 공부 시키려고 먼 창원까지 가서서 일하시는 아빠를 생각하면 마음이 아파요.
 3년 전, 할머니와 저 아빠 이렇게 세 식구가 도란도란 모여 살던 기억이 새록새록 떠오르네요. 그러다 우리 세 식구에게 안 좋은 일이 일어났었잖아요. 사람들과 밭에 나가셨던 할머니께서 갑자기 사고가 났었죠. 독사에게 물린 할머니를 사람들이 너무 늦게 병원으로 모시고 가서 그곳에 도착했을 땐 이미 늦어 있었어요. 조금만 서둘렀다면 괜찮으셨을 텐데….
 저는 지금도 원망스런 마음이 가끔 들어요. 놀란 저와 아빠가 진주 병원으로 달려갔을 때 힘없이 누워 계시던 할머니의 그 모습은 지금도 눈물이 날 만큼 위독해 보이셨어요. 아빠의 간호 덕분인지 할머니의 상태가 천천히 호전 되셨지만 할머니는 2년이

란 세월을 병원에서 보내셔야 했어요.

2년 뒤 집으로 돌아오신 할머니는 오른팔과 다리를 쓰지 못하게 되셨죠. 아빠는 몸이 불편한 할머니와 어린 저를 두고 걱정이 많으셨죠. 그러나 돈을 많이 벌어 맛있는 걸 많이 사주겠다며 창원으로 가셨잖아요.

얼마 후 아빠가 계신 창원으로 놀러 가게 되었고 저는 너무 기뻐서 친구들에게 잔뜩 자랑을 했어요. 우리 아빠가 큰 도시로 가서 돈을 많이 벌었다고. 그래서 이번 주말에 놀러 가면 좋은 것 맛있는 것을 사주실 거라고….

창원에 도착한 저는 아빠와 즐거운 식사를 했었죠. 그리고 계산을 하시는 아빠의 지갑을 보고 마음이 덜컹 내려앉았어요. 음식 값을 계산하고 나면 텅 빌 지갑이 생각나서 말이에요. 지금까지 아빠에게 아는 체 하지 못하고 있었지만 아빠가 사장님과 싸워 어려운 일에 처했다는 걸 저도 알고 있어요. 아마 이 편지를 아빠에게 보내드리지는 못할 거예요. 저는 앞으로 모른 체 하고 있을 거니까요. 하지만 아빠, 아빠는 저에게 세상에서 가장 멋진 아빠이고 가장 사랑하는 사람이에요. 아시죠? 힘내시고 저랑 할머니 걱정은 하지 마세요. 얼른 자라서 할머니와 아빠께 효도하는 아들이 될게요.

뵐 때까지 안녕히 계세요.

2011년 10월 18일
아빠를 너무나 사랑하는 찬의 올림

류근원 교장선생님께

안산 화랑초등학교 4학년 한석규

교장선생님, 안녕하세요?

저는 교장선생님께 감사편지를 드리고 싶어 편지를 쓰게 되었어요.

왜냐하면 독서 골든벨을 할 때 텔레비전에도 나오고, 컴퓨터에 나와서 우리 학교가 유명해진 것 같아서 자랑스러웠기 때문이에요.

얼마 전, 수업을 마치고 소아과에 갔다가 집으로 오는 길에 교장선생님을 '두손병원' 신호등 앞에서 만나 깜짝 놀랐어요. 얼른 인사를 드렸더니 머리를 쓰다듬어 주셨지요. 그때 기분이 너무 좋았습니다.

또 교장선생님께서 맨 처음 우리 학교에 오셨을 때 동화작가라고 하셔서 깜짝 놀랐습니다.

오늘 아침 교장선생님께서 보여 주신 동영상을 보고 우리 학교를 아껴야겠다고 생각했습니다.

우리 학교 5, 6학년 형 누나들이 그렇게 학교를 더럽게 쓰는 줄 몰랐습니다. 휴지도 함부로 버리고….

그래서 저는 다짐을 했습니다. 5, 6학년이 되어서도 학교를 더럽게 쓰지 않겠다고 생각했습니다.

교장선생님, 우리 학교에 봄꽃을 심어 주셔서 감사합니다. 교장선생님께서 화단에 뿌린 꽃씨들이 싹이 나고 예쁜 꽃이 피고, 벌과 나비가 날아다닙니다.

처음에는 교장선생님이 무섭게 느껴졌습니다. 하지만 교장선생님께서 얼마나 다정한 분인 줄 이제는 압니다. 웃으시면 더 멋있어 보입니다.

교장선생님, 힘내세요. 앞으로 학교를 아끼고 깨끗하게 사용하고 저도 쓰레기가 있으면 주울게요.

안녕히 계세요.

2011년 5월 3일
4학년 5반 16번 석규 올림

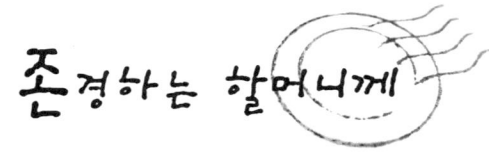

전주 풍남초등학교 4학년 소순호

할머니, 저 손자 순호예요. 요즘 잘 지내세요?

저도 잘 지내고 있어요.

매우 덥죠? 저도 더워 계곡에 가니까 시원했어요.

지금은 여름방학인데 도서관에서 수업 받고 있어요.

할머니, 저는 할머니가 존경스럽습니다.

그리고 할머니, 제가 이렇게 편지를 쓰는 이유는요. 드릴 말씀이 있어서 입니다.

평소 할아버지한테 많이 혼나고 있으신 것 같은데, 할아버지께서 혼낼 때면 할머니도 같이 말씀을 하시라고 이렇게 편지를 보내는 거예요. 제가 생각했을 때는 할머니께서 잘못하신 일이 별로 없는 것 같아요.

우리 학교 선생님이 사람들은 자신의 의견을 표현할 줄 알아야 한다고 말씀하셨어요. 물론 싸움을 하시라는 것은 아니고 서로 의견을 말하다보면 할아버지도 할머니의 마음을 잘 알고 이해해 주실 것 같아요.

　할머니, 일만 하지 마시고 할아버지와 함께 해수욕장이나 계곡에 한번 놀러가서 더위를 날려보세요. 그러면 시원할 거예요. 언제 우리 가족과 함께 계획을 세워 가면 더 좋겠어요.

　그리고 저랑 동생만 아이스크림 사 주지 마시고 할머니도 드세요. 꼭 힘 내시고 더위를 싹 다 날려 버리세요.

　할머니, 전 이만 쓸게요.

　몸 건강히 안녕히 계세요.

2011년 8월 16일
할머니를 존경하는 순호 올림

예쁜 엄마와 멋진 아빠께

제주 표선초등학교 2학년 조진희

엄마 아빠, 저 진희에요.
노란 괭이밥이 예쁘게 핀 봄이네요.
저는 내일이 어버이날이어서 이 편지를 써요.
저를 낳아주시고 키워주셔서 고맙습니다.
아빠는 바쁜데도 저랑 일요일마다 놀러 가주시고 맛있는 것도 사주셔서 감사합니다.
아빠는 일을 하러 가시니까 돈이 있는데 엄마는 돈도 없을 것 같아서 제가 의사의 꿈을 꼭 이루어 돈을 많이 벌어 맛있는 것 많이 사드릴게요. 그때까지 아프지 마세요.
엄마 아빠, 괭이밥 아세요? 1학년 때 읽기 책에서 배운 것인데 오늘 편지 선생님이 마당에서 뜯었다고 들고 오셨어요. "이 꽃 이름이 뭔지 아느냐"고 물으셔서 제가 대답했어요. 고양이가 배가 아플 때 먹는 꽃이라서 이름을 그렇게 부른다고 배웠는데 공부 열심히 해두니까 좋아요. 엄마도 기쁘시죠.

"먹어 볼 사람?" 하고 물었는데 손을 들지 못했어요. 먹어보고 싶었는데 고양이라고 놀릴까 봐 부끄러웠어요. 맛은 시큼하다고 하는데 엄마 아빠는 먹어보셨나요? 꼭 알려주세요.

편지 선생님이 오자마자 편지를 쓰라고 할 줄 알았는데 아니었어요. 마당에 핀 꽃 이야기, 구름 이야기도 하고 소나무에 바람소리가 들리느냐고 하셨어요.

그 다음에 편지쓰기에 대해 이야기를 해주셨어요. 선생님이 우표붙이기와 편지봉투 쓰는 법도 알려주셨어요. 어떤 친구 한 명이 우편번호 적는 칸에 글자를 쓰는 거라고 해서 웃기도 했어요. 우편번호부에서 우리 집 우편번호도 찾아보았어요. 이런 게 있는 지도 몰랐는데 이번 기회를 통해 알게 되었어요.

편지에 대한 이야기가 끝나고 편지를 쓰라고 하셨어요. 어버이날이어서 엄마 아빠께 써야한다는 생각이 들었어요.

엄마 아빠, 항상 사랑을 듬뿍 주셔서 감사합니다. 저도 엄마 아빠 기분 좋은 하루가 되게 노력할게요. 오늘부터 신발장 정리는 제가 할게요.

엄마 아빠, 우리 가족 항상 웃으며 살아요.

건강하게 오래오래 사세요.

2011년 5월 7일
예쁜 딸 진희가 올림

사랑하는 내 동생 민혁이에게

광주 큰별초등학교 5학년 백화영

민혁아, 누나야.

어느새 봄이 왔네. 그래도 날씨가 추울 때도 있으니까 감기 조심해. 오늘은 누나가 평상시에 민혁이에게 했던 행동을 반성하는 의미로 편지를 쓰려고 해.

민혁아, 누나는 네가 조그마한 잘못을 하거나 화나게 할 때 너에게 그 이유도 묻지 않고 무조건 화만 냈지.

그때 너의 얼굴은 누나에게 혼이 나서 풀이 축 쳐져 있었어. 그런데도 누나는 그런 너의 얼굴을 보고 오히려 화를 냈지. 그런 행동에 대한 미안함으로 편지를 시작하려고 해.

민혁아, 조금 지루하거나 힘들더라도 누나의 진심이 담긴 편지를 끝까지 읽어줘. 그러면서 누나가 했던 잘못들을 차근차근 되살릴 게.

매일 너에게 심부름시키고 강성이 형 편만 들어주고 나중에는 너에게 소리까지 질렀던 행동들이 생각나서 조금 부끄럽네. 그래도 앞으로 너를 진심어린 마음으로 상냥하고 친절하게 대해주는 누나가 되기 위해서 마음을 고치도록 노력할게.

평소 네가 누나 방에 들어와서 물건을 어지르고 갈 때, 누난 네가 너무 얄미웠었어. 그래서 소리를 지르면 엄마께 야단맞고 너에 대한 증오심이 일어나서 누나의 마음에 차곡차곡 박혔었는데 편지를 쓰면서 그런 마음들이 사르르 녹아지는 것 같아.

누나는 제주도에 갔다 와서 동생에 대한 소중함을 깨달았어. 이제야 그런 마음을 깨달은 누나를 미워해도 괜찮아. 누나가 그동안 너에게 했던 행동들에 비하면 아무것도 아니니까.

다른 사람들이 "나도 민혁이 같은 동생 있었으면 좋겠다"라는 말을 듣고 누난 "난, 여동생 있었으면 좋겠다"라고 말했던 게 너무 후회스러워. 이렇게 너를 잘 돌봐주지 못하면서 어떻게 다른 동생을 원할까?

하지만 지금은 그런 마음 눈곱만큼도 안 들어. 앞으로는 너에게 잘 대해줄게.

누나가 한 가지만 부탁 해도 될까? 네가 누나 방에 들어오는 것은 정말 괜찮아. 그런데 엄마 아빠를 힘들게 하지는 말아줘. 누나와 강성이 형 그리고 네가 힘을 합치면 엄마 아빠를 행복하게 해드릴 효녀 효자로 남을 것 같아.

민혁아, 나는 네가 너무 귀엽고 사랑스러워서 어른들께 사랑을 많이 받잖아. 그런 네가 부러울 때가 정말 많았어. 처음 보는 사람과도 금세 친해지니까.
　민혁아, 정말 정말 사랑해.
　앞으로도 누나가 잘해주고 진심으로 대해 줄게.
　민혁아, 사랑해.

2011년 5월 12일 목요일
민혁이를 사랑하는 누나가

나의 영원한 친구 주은이에게

대구삼덕초등학교 3학년 정은서

어느덧 파란 나뭇잎이 바람에 미끄럼을 타는 여름이 다가왔네.

주은아, 안녕? 그동안 잘 지내니?

나도 학교에서 잘 지내고 있어.

얼마 전 올백을 맞아서 얼마나 기뻤는지 몰라.

저기 주은아, 내가 매일 너에게 막 짜증내다가 잘해주고 박쥐처럼 왔다 갔다 해서 조금 화났지? 난 정말 박쥐같아. 한 친구를 좋아하다가 다른 친구가 좋으면 좋아했던 친구를 욕하고….

아직은 내 친구가 되어주고 나를 위해주고 심지어 내가 회장까지 되도록 도와주는 친구들이 많지만, 자꾸 이러면 내 마음만 바싹바싹 구겨지는 것 같아.

그래서 이제부터는 내가 친구를 먼저 배려하려고 해. 친구가 나에게 뭐라 하기 전에 내가 먼저 말이야. 너도 도와줄 거지?

물론 너와 같이 다니며 달콤한 사탕처럼 맛있어도 몸에는 좋지 않다는 그런 생각도 해 보았어.
　하지만 너는 그때마다 사탕처럼 나쁜 마음을 고스란히 녹여주었단다. 난 너한테 미안한 것도 너무 많고 고마운 것도 많지만 어떻게 표현해야 할지 모르겠어.
　그래! 나도 이젠 표현을 해야겠어. 고맙든 미안하든.
　나에게는 사탕같이 나쁜 마음을 녹여주는 사탕 친구 주은아, 나의 모든 것을 깨닫게 해주고, 지식을 풍부하게 해주는 민들레 같은 친구로 남길 바라며 이만 연필을 놓도록 할게.

2011년 6월 30일 아름다운 교실에서
너에게 민들레 같은 친구가 되고 싶은 은서가

스티븐 호킹 박사님께

대전 삼성초등학교 4학년 김근민

안녕하세요? 스티븐 호킹 박사님.

오늘 제가 살고 있는 대전의 날씨는 시원하고 상쾌합니다. 박사님께서 사시는 곳은 어떠나요?

이제 조금 있으면 겨울이 옵니다. 박사님은 혹시 겨울 좋아 하세요?

저의 꿈은 과학자가 되는 거예요. 그렇게 오래된 꿈은 아니지만 지금 열심히 공부하고 있어요.

저희 엄마께서는 과학자가 되려면 수학과 과학 뿐만 아니라 모든 것을 다 잘해야 한다고 하시는데 정말 그런가요? 만약 그렇다면 너무 힘들 것 같아요.

박사님께서는 몸도 불편하신데 어떻게 그런 힘든 공부를 잘하게 되셨는지 궁금합니다. 저에게 그 비밀의 공부법을 알려 주시면 좋겠는데….

책을 통해 박사님이 고생하시는 루게릭병에 대해서도 알게 되었어요. 온몸이 마비가 되었는데도 컴퓨터를 사용해 말씀하시고 의사소통을 하시는 걸 보고 정말 놀랐어요. 전 상상도 할 수 없었던 일이었거든요. 그리고 우주의 신비를 발견하신 빅뱅 이론은 어렵지만 굉장한 것 같아요. 더 열심히 공부해서 그것이 무엇인지 꼭 알아낼 거예요. 그때까지 저를 꼭 기다려 주세요.

참, 제 소개가 늦었어요. 전 대전에 살고 있는 초등학교 4학년 김근민이라고 합니다. 책 읽기와 노는 것을 무척 좋아하고요. 두 살배기 사촌 동생 동영이를 아주 좋아해요.

저의 할아버지 댁은 시골입니다. 과일농사를 많이 지으시는데다 저희들 먹으라고 하신대요. 주말이면 시골에 가서 포도도 따고 배도 따고 고추도 따고 정말 많은 일들을 하고 와요. 박사님께도 저의 할아버지표 과일을 드릴 수 있으면 정말 좋겠어요. 진짜 달콤할 걸요.

과학자가 되려면 진짜 무엇을 잘해야 하나요? 저는 책을 많이 읽고 있어요. 앞으로 공부도 더 열심히 해서 과학고등학교에 들어 갈 거예요. 그곳에서는 과학자가 되기 위한 기본적인 것들을 잘 배울 수 있다고 해서요.

제가 연구하고 싶은 분야는 식물이에요. 박사님과 분야는 다르지만 박사님처럼 열심히 연구할 거예요. 어려운 역경을 이겨내고 끝까지 포기하지 않고 열심히 공부하신 박사님이 정말 자랑스러워요.

식물을 연구해서 지구에 살고 있는 사람들이 언제나 풍요롭게 먹고 깨끗한 자연 환경 속에서 살아갈 수 있도록 하는 것이 제가 과학자가 되려는 목적입니다.
　박사님, 제가 박사님을 만나러 갈 때까지 건강하게 계셔야 해요. 전 꼭 박사님을 만날 거예요. 그게 제 꿈 중 한 가지입니다.
　저는 방금 과학상자를 가지고 만들어 보았어요. 그런데 잘 안 되었는데 계속 노력하다 보니 되었어요.
　박사님, 이제 인사를 해야 할 것 같네요.
　안녕히 계세요.

2011년 10월 7일
박사님을 존경하는 김근민 드림

나에게 가로등이 되어 주시는 아빠께

원주 무실초등학교 4학년 허가영

아빠, 안녕하세요?

아빠께 하나밖에 없는 소중한 딸 가영이에요.

요즘 장마가 계속 이어지는 데도 저희를 위해 열심히 일하시는 아빠의 모습을 보면 너무나 감사해요.

또 아빠의 축 늘어진 어깨를 보면 얼마나 저의 마음이 아픈지 몰라요.

저는 아빠께 많은 것을 받는데 별로 드리는 것이 없어 죄송하지만 이 편지로 조금이라도 도움이 될 수 있으면 하네요.

조금 있으면 아빠께서도 외삼촌과 가게를 차리셔서 가족과 함께 지낼 테니 저도 엄마 말씀 잘 들어서 항상 효도하는 예쁜 가영이가 되겠습니다.

아참! 그리고 사업도 잘 되셔서 항상 웃는 모습으로 건강하게 지내시길 바랍니다.

제가 아빠를 정말 많이 사랑하는 지 아시지요?
그러면 이만 마치겠습니다.
안녕히 계세요.

2011년 7월 30일
아빠를 하늘만큼 땅만큼 사랑하는 딸 가영 올림

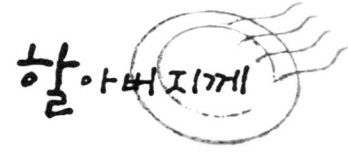

창원 안골포초등학교 5학년 김보경

할아버지, 안녕하세요?

저 보경이에요.

하늘에서도 저를 항상 지켜보고 계시죠?

엄마, 아빠, 언니, 저 그리고 큰엄마, 큰아빠, 할머니, 사촌들도 잘 지내고 있어요. 그리고 오늘도 할아버지께서 늘 말씀하셨던 것처럼 엄마, 아빠, 언니 말 잘 듣고 친구들과 친하게 지내고 학교에서 공부 잘하고 지내니까 걱정하지 마세요.

할아버지, 벌써 추운 겨울이 다 되어가네요. 바람이 쌀쌀하고 추워요. 하늘나라에서도 따뜻한 옷 입으시고 감기 걸리면 안돼요. 추운 겨울만 되면 항상 언니와 제 내복을 사주셨는데 올해도 할아버지께서 사주신 내복을 입고 싶네요.

저는 할아버지를 항상 제 가슴속에 생각하고 있어요. 그래서인지 아직도 할아버지 댁에 전화하면 할아버지께서 전화를 받을 거 같고 할아버지 댁에 가면 여전히 반겨 줄 거 같아요. 하지만 할아버지 댁에 가면 이젠 할머니 밖에 없네요.

할아버지께서 살아 계실 때 할아버지 댁에 가면 항상 저를 웃으며 반겨주시고 용돈도 주시고 항상 과자를 사두었다가 우리가 오면 과자를 꺼내서 먹으라고 하셨지요.

그리고 할아버지께서는 우리가 갈 때마다 자동차를 수리해 주셨지요. 그것도 늘 고마웠어요. 앞으로는 할아버지 댁에 가도 할아버지의 다정한 모습을 볼 수 없다는 것이 정말 슬퍼요.

할아버지께서 살아 계실 때 더 잘해 드리지 못해서 정말 죄송하다는 생각이 들어요. 만약 살아 계시다면 제가 더 잘해 드릴 텐데 말이죠. 이 편지를 쓰면서 할아버지를 자꾸 생각하니 괜히 눈물이 날 것 같아요.

그리고 할아버지 댁에 가면 항상 "텔레비전 소리 줄여라, 밝으니까 불 꺼라"라고 말씀하였는데 이젠 그런 말씀도 들을 수 없으니깐 정말 허전해요. 전에는 할아버지께서 그렇게 말씀하시면 잔소리 같아서 듣기 싫었는데, 지금은 할아버지께서 생각해서 하신 말씀이라 이해 할 수 있어요.

할아버지, 옛날에 할아버지 댁에 가면 할아버지만의 특별한 냄새가 있었어요. 그 냄새를 맡을 때마다 할아버지 생각이 나서 가슴이 찡해요. 할아버지를 더 안아보고 싶고 얘기도 더 나누어 보고 싶고 정말로 보고 싶어요.

어릴 때 할아버지께서는 저를 데리고 자주 놀러 다니셨잖아요. 그때처럼 할아버지랑 같이 놀러도 가고 싶고 여행도 하고 싶어요. 그리고 할아버지께 안겨보고 싶고 손도 잡아보고 싶어요.
  할아버지, 좀 있으면 6학년이 되어요. 제가 중학생이 되면 교복 사주신다고 늘 말씀하셨는데 이제는 교복을 사주실 수 없게 되었네요.
  하지만 전 괜찮아요. 할아버지를 항상 사랑하니까요. 제가 할아버지 항상 사랑하고 생각하고 있는 거 아시죠?
  그리고 할아버지께서 계시는 절에도 자주 들르고 그리워도 꾹 참고 공부 열심히 할게요.
  할아버지께서도 하늘에서 편안히 쉬고 계세요.

2011년 10월 17일
할아버지 막내 손녀 보경 올림

항상 저를 사랑해 주시는 엄마께

안양 신안초등학교 5학년 김지윤

엄마, 안녕하세요?

지금은 분명 봄인데 일교차도 심하고 조금 춥죠? 제 생각에도 5월이나 되었는데 봄이 빨리 오지 않는 것 같아요.

오늘은 우리 학교에 편지쓰기 선생님이 오셨어요. 저는 누구에게 쓸까 고민할 새도 없이 엄마가 딱 생각이 났어요. 항상 편지를 쓰지만 또 할 말이 생각나거든요.

엄마, 요즘 제가 사춘기가 와서 그런지 엄마께 계속 말대꾸를 하게 되고 또 제 주장만 내세우고 그래요. 그럴 때마다 엄마께선 많이 힘들고 마음이 아프시죠? 저도 항상 말대꾸 하면 안 된다고 생각하고, 제 주장만 내세우면 안 된다고 생각하는 데도 꼭 그 상황만 되면 자꾸자꾸 되풀이 되곤 해요. 그래서 엄마께 항상 죄송스러워요.

엄마께서는 항상 제가 위험할 때, 아플 때 도와주시잖아요. 제가 어떻게 하면 그 은혜를 다 갚을까요. 아마 지금까지 받은 것을 다 보답하려면 100년은 걸릴 거예요. 엄마 아빠 기념일은 챙기지 않고, 어린이날이랑 제 생일만 챙긴 게 죄송해요. 앞으로는 엄마 아빠 생신도 꼭 챙길게요.

그리고 지금까지 하지 못했던 밀린 효도를 할게요. 예를 들어 심부름하기, 설거지하기 등 아주 많을 거예요. 이것을 다하면 아까 말했던 것처럼 받은 것을 돌려드리는 게 쉬워질 거예요.

그리고 말을 못했는데 요번 어린이날 선물로 주신 '실바니안 초콜릿 토끼' 너무 감사해요. 그런데 저는 어버이날에 밥 사드린 것이 전부여서 계속 맘이 찔려요.

이렇게 편지를 써보니까 직접 말하기 어려운 것도 할 수 있어서 좋고 제 생활을 반성해 볼 수 있는 것 같아요. 생각해 보니까 저는 어리광만 부리고 효도도 잘하지 못하는 딸이었던 것 같아요.

앞으로는 엄마 말씀도 잘 듣고, 공부도 더 열심히 해서 엄마께서 저를 자랑스러워할 수 있는 딸이 되도록 노력할 거예요.

그럼 이만 마칠게요.

엄마, 항상 건강하세요.

사랑해요.

2011년 5월 12일
언제나 엄마를 사랑하는 지윤 올림

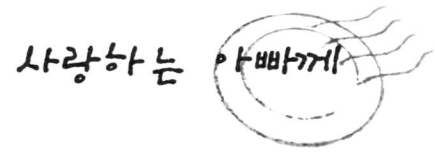

제주 동초등학교 1학년 공나영

    아빠, 오늘은 날씨가 다시 더워져서 땀이나는데 선생님께서 편지를 쓰라고 하셔서 아빠를 떠올리며 편지를 써요.
    병원에 입원해 계신데도 항상 걱정을 해 주셔서 감사해요.
    다리를 다쳐서 누워계시는데 이렇게 더워지면 불편하시죠. 다리가 가렵진 않나요? 불편해도 병원에서 다른 사람들과 즐겁게 이야기하며 지내세요.
    저는 오늘도 아빠의 걱정을 받아서 열심히 공부를 했어요. 점심은 제가 좋아하는 콩나물무침이 나와서 밥을 맛있게 먹었어요.
    쉬는 시간에는 밖에서 놀기도 하고 책을 읽었어요.
    「이슬이의 첫 심부름」이라는 책을 읽었는데요. 이슬이가 혼자 심부름을 하는데 아줌마가 이슬이를 못 봐서 미안하다고 했어요. 그리고 이슬이는 거스름돈을 받아오지 않는 것이 재미있었어요, 책을 읽으며 저도 아빠 심부름할 때 모습이 생각났어요. 라면 사오라고 할 때 가기 싫었는데 그거 읽으면서 이제 심부름도 재미있을 것 같다고 생각했어요.

지금은 수업이 모두 끝나고 돌봄교실에 와 있어요. 이렇게 편지를 쓰면서 아빠께서 빨리 나아 우리랑 전처럼 놀러도 가고 시장도 갔으면 좋겠다고 생각했어요. 그러면 엄마도 덜 힘들잖아요.

앞으로 언니랑 사이좋게 잘 지내고 아빠 엄마 심부름도 잘 할게요. 그리고 언니 말도 잘 듣고 공부도 열심히 할게요. 책도 많이 읽어서 똑똑해지고 선생님의 사랑도 많이 받도록 할게요.

엄마는 오늘도 식당에서 열심히 일하고 있을 텐데 저녁에 오시면 제가 팔다리도 주물러드릴 거예요. 앞으로도 부모님께 효도할게요.

우리 가족이 항상 행복했으면 좋겠어요.

아빠, 사랑해요. 빨리 나으세요.

2011년 5월 27일
아빠의 귀염둥이 작은 딸 나영이가

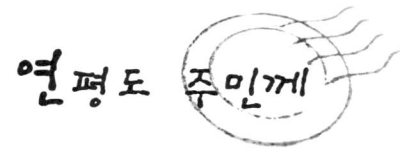

보성 노동초등학교 6학년 황수아

안녕하세요?

텔레비전을 통해 사고 소식을 들었습니다.

차가운 바람이 옷 틈새로 파고들던 날, 학교 버스를 타고 지나가며 빨갛게 물든 단풍들을 구경하다가, 왠지 모르게 무거운 마음으로 발걸음을 옮겼습니다.

웬일인지 집안에 환한 불빛이 보였습니다. '무슨 일일까?' 하는 마음으로 방문을 열고 들어갔는데, 저희 할머니께서 텔레비전을 보시며 말씀하셨습니다.

"에휴! 북한이 연평도에 포탄을 쐈단다."

저는 믿기지 않아서 "예?"하고, 텔레비전을 뚫어져라 들여다보았습니다. 안 그래도 북한 삼대 세습 때문에 어지럽던 찰나에 또 일이 터졌구나 싶어 학교 다녀오면 가장 먼저 가방부터 내려놓던 제가, 그날은 가방 내려놓는 것도 잊어버리고 뉴스에 집중

했습니다. 북한군이 우리나라 서해 5도를 계속해서 노리다가, 계획적으로 연평도에 포탄을 쏘았다는 소식과 함께 포탄이 떨어질 당시의 긴박한 상황이 담긴 영상이 나왔습니다. 평화롭게 살던 연평도 주민들의 집은 형체도 알아보기 어렵게 처참하게 무너져 포탄 자국이 선명하게 남아 있었고, 갑작스런 북한군의 공격으로 돌아가신 분들도 계셨습니다. 몇몇 주민께서 돌아가셨다는 소식을 듣기 전에는 그러려니 했는데, 그 소식을 듣고보니 북한을 용서할 수 없었습니다.

돌아가신 분들 중에는 군인 아저씨들도 있었습니다. 휴가를 간절히 기다리다가 휴가 날이 됐는데 정말 돌아올 수 없는 영원한 휴가를 가신 분, 자원 입대한 지 3개월 만에 고귀한 생명을 잃으신 분, 평화롭게 살다 돌아가신 연평도 주민 두 분. 북한의 포격에 우리 군도 북한에게 대응을 했다지만 그 대응은 정말 허술하기 짝이 없었습니다. 우리의 피해에 비하면 새발의 피였지요.

지금은 주민들께서 거의 연평도를 떠나시고, 몇몇 분들께서 고향을 지키고 계시지만, 피해가 커서 생활이 어려울 주민들을 생각하니 정말 조금이라도 도움이 되고 싶은데 아무것도 하지 못해 답답하기만 합니다. 하지만 저는 언제나 주민들과 국군장병 여러분들 뒤에서 응원하겠습니다.

언젠가 아픔이 씻겨질 그날을 기다리며….

2010년 12월 2일
보성에서 연평도 주민을 걱정하는 수아 올림

항상 존경하는 어머니께

대구경진초등학교 3학년 이선우

어머니, 안녕하세요? 저는 어머니를 항상 존경하는 선우예요. 어머니께서는 항상 친절하고 맛있는 음식도 많이 만들어주시고 비누, 초콜릿 등을 만드시고 저희랑 재미있는 곳도 많이 가주셔서 정말 존경하고 감사합니다. 그런데 선빈이 언니랑 저랑은 말로는 항상 존경한다고 하지만 제 뜻대로 되지 않으면 그런 것이 다 취소가 된 듯한 말투로 존경을 하지 않죠.

또 언니랑 싸우지 않는다고 해놓고 계속 싸워서 어머니 속만 썩이죠. 이제 그런 버릇을 다 고쳐 꼭 착한 어린이가 되려고 노력 하는 중이에요. 하지만 노력을 한다고 해도 노력한 보람이 어머니 속에 들어가서 속을 더 썩이는 것이 맞죠? 전 항상 어머니께서 힘들어 하시는 이유가 이것이라고 생각해요.

그리고 어머니, 약속을 더 이상 안 해도 약속을 지킨다고 해놓고 또 안 지키고, 계속 이렇게 지내다 보니 벌써 4학년이 되어

버렸네요.

   항상 어머니 속을 썩이지 않도록 노력을 하는 데도 계속 포기를 하게 돼요. 그리고 언니랑 싸우지 않는다는 약속도 이제 꼭 지켜야 할 때가 왔어요. 그때는 언니가 중학생이 돼서야 지키는 것이 되어 버렸네요. 항상 일주일만 지나면 그 약속이 하늘로 날아가나 봐요.

   그리고 아버지 때문에 어머니께서 힘들어 하시는 것 같아요. 왜냐하면 아버지께서 어머니 속만 썩이다가 저희가 못 보는 하늘나라로 이사를 갔기 때문이에요. 전 항상 친구 아버지만 보면 눈물이 날 것 같아요. 아버지 장례식 때 얼마나 속상했는지 눈이 부울 정도로 울었지요.

   그리고 더 속상한 것은 제사 때 할머니께서 저를 끌어안고 계속 "아버지 너거 아버지 어떡하노! 아버지 없이 우에 살겠노!"라고 말씀하셔요. 그래서 그때도 울음이 계속 나올려고 했어요.

   저는 아버지를 아직 다 못 보낸 것 같아요. 지금도 계속 아버지 생각이 나니까요. 그리고 이 한마디는 꼭 들어주셨으면 좋겠어요. 제발 아버지를 잊게 해 주세요. 그럼 '아버지!, 아버지!' 해도 눈물이 안 나올 것 같거든요.

   봄이라고는 하지만 아직은 쌀쌀한 바람이 부니 몸조심 잘 하세요. 저는 항상 어머니를 존경하고 또 존경합니다.

2011년 4월 22일
선우 올림

그리운 천성아 선생님께

대전 새일초등학교 6학년 김한별

선생님, 안녕하세요? 저는 김한별입니다.

오랜만에 선생님께 편지를 쓰려니 긴장이 됩니다. 작년에 5학년 4반인 저희들을 아껴 주시고 정성껏 가르쳐 주신 선생님을 잊지 않고 있습니다. 작년 5월 제가 이곳 새일초등학교로 전학을 왔을 때 큰 불안과 기대감을 가지고 있었습니다.

선생님은 어떻게 생기셨을까? 다정하신 분일까? 만약에 무서운 분이면 어쩌지? 라는 걱정과 두려움을 가지고 교실에 올라갈 때의 가슴 떨리던 순간을 지금도 기억하고 있습니다.

하지만 교실에 들어서서 선생님의 얼굴을 뵈니 무척 다정하고 따듯하신 분 같아 마음이 놓였습니다. 선생님은 제가 전학 왔을 때의 긴장감을 부드러운 말투로 자연스럽게 풀어 주셨습니다. 친구들도 저에게 잘 대해주어 제 마음이 많이 놓였습니다.

첫 수업 날 재미있는 사진도 참고로 많이 보여주시고, 게임도

하면서 제가 친구들과 빨리 친해질 수 있도록 배려해 주신 점 정말 감사하게 생각하고 있습니다.

그 후 여름 방학이 시작되기 얼마 전 선생님께서 나누어주신 약 봉지 기억하시죠. 그 안에는 하루에 꼭 한 개씩만 먹으라는 내용과 함께 달콤한 사탕과 초콜릿이 들어 있었습니다. 사실은 처음 하루 이틀은 꾹 참고 견디었지만, 셋째 날 나머지 사탕과 초콜릿을 모두 먹어 버렸답니다. 그러면서도 선생님께는 하루에 한 개씩만 먹었다고 말씀 드린 점 사과드립니다.

제가 지난 만우절에 뵙고 요즘에는 찾아뵙지 못했습니다. 선생님과 친해지고 싶은 마음에 장난을 치기도 했는데, 혹시 제 장난이 지나쳐 기분이 나쁘셨다면 지금 사과드립니다. 하지만 제 장난은 선생님과 대화를 나누고 싶다는 뜻입니다. 그러니 집에 빨리 가라는 말씀은 하지 말아 주세요. 저는 선생님 교실에서 선생님과 대화를 나눌 때가 행복합니다.

제가 6학년에 올라왔을 때 드렸던 선물과 편지 기억하세요? 그것을 소중하게 간직해 주셨으면 합니다. 제가 어른이 된 나중에도 자주 찾아뵙도록 노력하겠습니다. 제 마음 깊이 남아 있는 선생님의 사랑을 잊지 않겠습니다.

선생님, 안녕히 계세요. 사랑합니다.

2011년 5월 3일
선생님을 생각하며 김한별 올림

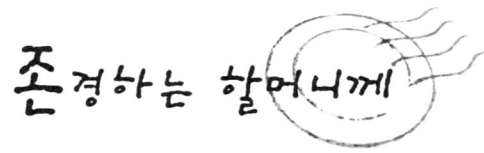

서울홍제초등학교 2학년 김태연

할머니, 안녕하세요?

저는 태연이에요.

오늘은 날씨가 푹푹 쪄요.

아무튼 할머니 너무 보고 싶어요. 어제도 오늘도 할머니 생각이 나서 이렇게 편지를 써요.

할머니, 오늘은 학교에 한국편지가족 선생님이 오셔서 이 편지를 쓰도록 지도해 주셨어요. 그런데 선생님과 편지 얘기는 그만 하고 오늘 일을 들려 드릴게요.

오늘 아침에는 7시 5분쯤 일어났어요. 저는 허겁지겁 옷을 입고 머리도 단장해서 밥 먹을 준비를 했어요.

그런데 엄마가 왜 그러시는지 모르지만 막 화를 내고 계셨어요. 엄마께서 화내실 때는 재빨리 학교에 가면 돼서 미리 옷 입은 것을 다행이라고 생각했어요.

후딱 밥을 먹고 이빨을 닦으니까 7시 35분이어서 집에 있고 싶었지만 엄마께서 뿔이 나셨기에 나가려고 했어요. 그래서 버스 카드를 오빠에게 가져오라고 했지만 오빠가 버스카드를 잃어버려서 찾고, 시계를 보니까 7시 45분이어서 재빨리 나갔어요. 다행이도 버스가 오고 있어서 8시 30분에 도착했어요. 지각은 아니었어요.

휴~! 아침 자습 시간에 그림을 그렸어요. 선생님께서 주인공은 크게 그리라고 하셨는데 할머니를 못 그렸어요. 그리다보니 낯선 선생님이 교실에 들어오셨기 때문이에요. 바로 첫 줄에 말씀드렸던 한국편지가족 선생님이었어요.

선생님이 정말 친절해 보이셨어요. 편지 쓰는 방법을 주의 깊게 들으니까, 이렇게 칸 많은 편지지도 두렵지 않아요. 이렇게 사각사각 편지를 써요.

아무튼 할머니, 건강하시죠?

저는 할머니가 건강하시고 오래오래 사셨으면 좋겠어요.

할머니, 답장 주실 거죠?

사랑해요 할머니, 더 존경해요.

2011년 9월 6일
태연 올림

꾸중으로 고쳐주시는 선생님께

울산 성안초등학교 5학년 이이재

선생님, 안녕하세요?

요즈음 날씨가 아침저녁에는 춥고 낮에는 따뜻해요. 날씨를 보면 선생님을 대하는 것 같아요. 잘못은 바람처럼 혹독하게 꾸짖고, 잘한 일은 햇빛처럼 따스하게 감싸주시니까요.

선생님, 최근에 제가 과학실험을 하다가 시험관을 깨트렸잖아요. 선생님께 엄청 혼나고 나니 정신이 없었어요. 일부러 그런 것도 아닌데 너무한 것 같았아요.

"괜찮아, 앞으로는 절대 그런 실수를 안 할 테니까."

엄마께서 위로의 말씀을 해 주셨어요. 그래서 그 이후로 제가 조심성이 더 많아졌어요. 그렇게 혼난 것이 제 행동에는 도움이 된 것이지요.

꾸중을 들을 땐 선생님이 미웠어요. 그래서 두 번 다시는 그런 실수를 안 할 거라고 생각했죠. 그런 오기가 저를 침착한 아이로 만들었어요. 스스로 변화가 생기고 보니 제가 잘못했다는 반성이 저절로 되었어요. 저 자신도 그런 선생님의 반응에 황당했지만 조심성이 커진 것은 신기했어요. 그 덕분에 요즘 사고도 치지 않잖아요. 물론 성격이 좀 소심해진 것도 있지만 다시 고치면 되겠지요.

조심성이 많아지면서 실험에 참여 하는 게 두려워진 것이 문제예요. 특히 비커를 비롯해서 유리 재질로 만들어진 실험 도구를 쓰는 실험에는 더 참여하기가 꺼려지네요. 그래서 유리 재질로 만들어진 것만 봐도 마음이 긴장 돼요. 마치 가슴 속에 유리 도구가 들어 있다가 깨질 듯한 두려움이랄까요?

"선생님이 주의 하라고 그런 거지 주눅 들라고 꾸중한 건 아니야."

선생님 말씀에 눈물이 날 뻔 했어요. 실험 시간마다 주춤거리는 저를 보고 하신 말씀에 선생님의 꾸중이 미워서 한 것이 아니라는 것을 깨달았어요. 선생님의 꾸중은 어른이 되어서도 잊지 않을 거예요.

선생님의 꾸중은 바람이에요. 그런 꾸중 덕분에 제가 더 단단해지는 것 같아요. 어떠한 경우에도 자신감을 잃지 않으면서 침착성을 기르는 힘이 되니까요.

창문을 통해서 보이는 창 밖 풍경은 정말 따뜻할 것 같아요. 그런데 막상 밖엘 나가면 바람이 차요.

선생님 감기 조심하세요. 늘 건강하시고요.

2011년 10월 10일
제자 이재 올림

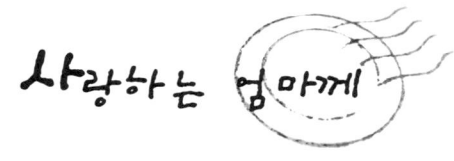

안성 서운초등학교 2학년 **여윤서**

엄마, 안녕하세요?

저 윤서예요.

오늘은 아침부터 비가 오네요. 아침에 엄마를 보고 왔는데 또 보고 싶어요. 엄마를 보면 와락 안기고 싶거든요.

제가 어렸던 때가 엊그제 같은데 엄마 아빠의 도움으로 아홉 살까지 쑥쑥 자랐어요.

엄마, 저는 학교에서 공부 잘하고 있어요. 지금은 편지쓰기 시간이구요. 그러니까 제 걱정은 안 하셔도 돼요.

저를 키워주시고 공부도 잘하게 해 주셔서 감사해요.

엄마, 엄마가 저 때문에 걱정 많이 하시는 거 알아요. 아토피, 알레르기 때문에 걱정하시죠? 저도 안 긁고 싶지만 버릇이 되었는지 과자, 사탕, 아이스크림을 안 먹었는데도 저절로 손이 가서 긁어져요. 특히 제가 잘 때 저도 모르게 긁어지니까, 화내지 않앉으면 좋겠어요. 저도 사실 속상해요.

하지만 엄마가 화내시는 것도 저를 위해 걱정하시는 거니까 너무 고마워요. 저도 앞으로 안 긁도록 노력할게요.

엄마, 땅부터 이 세상 끝까지 안 보일 정도로 사랑해요.

앞으로 오빠와 사이좋게 지내도록 꼭 노력할게요.

안녕히 계세요.

2011년 5월 26일
엄마를 이 세상 끝까지 사랑하는 윤서 올림

소중한 천하무적 사형제의 첫째 찬영이에게

제주 도남초등학교 3학년 김민재

찬영아, 안녕?

오랜만이야. 나 기억하지? 복지관 늘푸른 공부방에 같이 다녔던 민재야.

내가 복지관을 그만두고 나서 조금 후에 너도 그만두었다고 들었어. 그러다보니 태은이까지 그만두어 천하무적 사형제가 다 뿔뿔이 흩어졌더라고. 남아있는 권효도 이제 그만 둘 거래. 조금 섭섭하긴 하지만 서로 잊지 않고 있으면 다시 모일 거라고 믿어. 같이 공부하고 노래부르고 컴퓨터 게임하고 카드놀이도 하고 선생님께 혼났던 기억들이 이 편지를 쓰면서 다시 생각난다.

천하무적 사형제의 첫째 찬영아, 넌 변덕 심한 날씨에 감기 걸리지 않았지? 나는 감기에 걸려 코가 헐어서 약을 바르는데 영 보기가 싫어. 꼭 코가 흐르는 느낌이야.

너는 방학을 어떻게 보내고 있니? 나는 여름방학 동안에 아빠랑 함께 육지 여행을 다녀왔어. 신라의 숨결이 살아 숨 쉬는 경주와 물고기의 집 부산의 아쿠아리움을 거쳐 전라도로 건너갔지. 목포에 있는 유달산도 오르고 원숭이학교에서 쇼 구경도 하고 갯벌체험과 소박한 게임 경험까지 하고 왔어. 사촌이랑 놀기도 하고 컴퓨터를 만지작거리기도 했지.

그 중 제일 재미있었던 건 경주 여행이었어.

처음에는 첨성대에 갔어. 첨성대는 국보 제31호로 신라 선덕여왕 때 조성된 동양에서 가장 오래된 관측대래. 사진만 보다가 실물을 직접 보니 참 좋았어.

다음은 석굴암 가는 길에 있는 계림에 들렀어. 계림은 김알지가 태어난 곳이라는데 숲이었어. 그 다음엔 석빙고에 갔어. 조금 퀴퀴한 냄새가 나서 세 번씩이나 도망쳤지만 나중에는 익숙해져서 안쪽을 구경 할 수 있었어. 그곳에 가기 전에는 소금과 얼음이 꽉 찬 동굴인줄 알았는데 어떤 문도 있고 지하 감옥 같은 방이더라고.

그 후에는 안압지에 갔어. 안압지는 임금이 직접 조작한 호수와 집터가 남아 있었어. 그 집터들 중 주요 건물에는 짐돌이 놓여 있었어. 그래서 간단히 눈으로 정리가 되더라고.

그리고 매운탕 국물 같은 것에 밥을 비벼 점심을 먹은 뒤 불국사에 갔어. 그곳 계단들은 전부 아치형이야. 그러니까 물이 지나다녔다는 이야기래. 올라가서는 다보탑과 석가탑을 보았어. 자세히 살펴보니 십 원짜리 동전 안에 있는 다보탑이 참 근사하고 수려했어.

   그곳에서 나와 석불사에 갔어. 석불사는 석굴암이야. 하지만 석굴사원이라서 석불사라고 부르는 게 맞대. 그곳에서 일본인들이 저질렀던 이야기를 들으니 짜증이 났어.

   어떤 짓을 했는지 아니? 그들이 자연석으로 만들어져 있던 우리 석불사에 콘크리트를 붙여버리고 흘러 다니던 물을 전부 빼서 전체가 습기가 차게 만들어 버렸대. 살짝 화가 나긴 했지만 내가 화를 낸다고 해서 빠졌던 물이 다시 고이는 것도 아니고 콘크리트가 다시 벗겨지는 것이 아니라 그냥 넘어갈게.

   그리고 마지막으로 국립경주박물관에 가서 성덕대왕 신종을 보았어. 그것은 우리가 알고 있는 에밀레종이야. 하지만 거기에 아기를 넣어 소리를 내게 했다는 전설은 진짜가 아니라고 해.

   쓰다 보니 자랑할 게 많아서 이제는 조금 힘이 드네. 자랑은 이제 그만해야겠다. 경주에 가게 되면 내가 말했던 부분들을 기억하면서 구경하면 좋겠어.

   방학 잘 보내고 너도 좋은 소식들 있으면 꼭 알려 줘.

   다시 만날 때까지 건강하게 잘 지내.

2011년 8월 20일
이도 일동 문화의 집에서 천하무적 사형제의 넷째 민재가

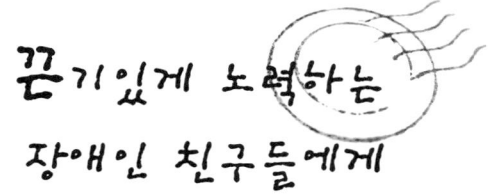

끈기있게 노력하는 장애인 친구들에게

대구노변초등학교 4학년 양윤서

친구들아, 안녕?

나는 대구 노변초등학교에 다니는 양윤서야.

이글거리는 태양이 더위를 내뿜고 있어 무척 덥지?

만나서 반가워.

나는 얼마 전 학교에서 '대한민국 1교시'라는 영상을 보았는데 그 영상을 보고 달라진 점이 아주 많단다.

옛날에는 장애인들을 보면 나와 다른 사람이라고 옆에도 가기 싫어했지. 하지만 그 영상을 보고 너희들도 나와 같은 친구들이고 같은 사람이니 두려워했던 내가 정말 부끄러워.

사실 나는 너희들은 우리와 다른 사람, 무서운 사람이라고 생각할 때도 가끔씩 있었단다.

하지만 내 생각은 정반대로 뒤집혔어. 그래서 이제는 이렇게 생각했지. 나와는 조금 다르지만 너희들은 무서운 친구들이 아니라고 말이야.

　내가 너희들에게 너무 못나게 굴어 너무 미안해. 그래서 이제부터는 항상 너희들을 만나면 "안녕?"이라고 먼저 다정하게 인사할 수 있을 것 같아.

　그럼 편지로도 한번 인사를 해 볼까?

　"안녕~ 친구들, 만나서 반가워."

　내가 편지로 인사하니 너무 웃기다.

　내가 너희들에게 인사를 하면 너희들도 나에게 인사를 해 줄 거지? 약속한다. 그리고 조용히 말하지만 너희들은 나의 베스트 프랜드야.

　앞으로 너희들을 장애인이라고 놀리는 친구들이 있으면 너의 베스트 프랜드 윤서가 빛의 속도로 날아가 너를 젖 먹던 힘까지 써서 도와줄게. 그럼 이제 용기를 낼 수 있겠지? 약속!

　아쉽지만 이제는 헤어질 시간이야. 너와 헤어진다니 너무 마음이 아쉽다. 그치?

　그럼 건강하게 잘 지내길 바란다. 다음에 편지 또 쓸게.

　나의 베스트 프랜드, 안녕.

2011년 5월 19일
너의 단짝 친구 윤서가

나만의 천사이신 우리 엄마께

충주 탄금초등학교 6학년 이소희

가을 날씨가 무척이나 좋은 이 계절에 엄마, 안녕하세요?

아주 많은 생각들을 하면서 자신보단 가족을 가장 먼저 챙기시는 우리 엄마, 엄마는 저의 행복이자 가장 소중한 분입니다. 그런 위대한 분께 편지를 쓰자니 걱정부터 머릿속을 스칩니다.

나를 가장 믿어주는 엄마, 저는 엄마께 실망 시키지 않는 그런 딸이 되고 싶었는데, 요즘 자주 실망을 시켜 드리네요. 하지만 속상해 하지 않으셨으면 좋겠습니다.

오늘 중간고사 성적이 나왔는데 성적이 너무 떨어져서 속상했습니다. 엄마께 말씀을 드리자니 너무 창피해서 또 실망시킬 것 같아서 화난 목소리로 대답은 했는데, 엄마는 성적보단 제 퉁명스런 목소리에 화가 더 많이 나신 거 같네요.

후회하고 있어요. 평소에 공부를 더 열심히 할 걸. 그래서 노력하려고요. 새삼 깨달았어요. 한없이 부족해서 항상 실망시킨다는 걸.

그런데 제가 지금까지 노력해 올 수 있었던 건 엄마 덕분이라고 생각해요. 그래서 감사의 인사부터 드립니다. 제 성적은 제 노력의 결과인데 노력도 하지 않고 좋은 성적을 기대하는 건 어리석은 짓이겠죠.

엄마 앞에서 만큼은 어리광쟁이가 되고 싶어요. 엄마의 기대가 있어 그 기대에 보답하려 하기 때문에 저는 늘 성실하고 책임감 있는 아이였습니다.

그런데 저도 동생처럼 마음껏 어리광 부리고, 칭찬을 많이 받고 싶어요. 저도 아이인데 왜 늘 어른스러워야 하는 걸까요?

엄마 앞에 서면 점점 작아지는 제 모습을 볼 때 가장 한심하다는 생각이 들어요. 엄마 앞에서 자랑하고 싶고, 항상 최고가 되고 싶은 게 제 마음입니다. 그런데 최고는 쉽지 않네요. 그래서 더욱 속상합니다.

그거 아세요? 제가 무뚝뚝하고 화난 표정을 짓는 건 너무나 속상하기 때문이에요. 눈물을 흘리면 엄마가 우실 테니까. 항상 고마운데 말을 하지 못하고, 그냥 아무 표현하지 못해 죄송합니다.

언제나 친구처럼 옆에 있어주신 나의 엄마, 저에게 있어 최고예요. 그동안 하고 싶었던 말 그러나 그 말을 하기에는 쑥스럽고 벅찼던 말 "사랑해요."

엄마의 딸로 태어난 게 너무나 자랑스럽고 행복합니다. 한참 부족하고 기대에 미치지 못한 딸이라 죄송하고, 앞으로는 기대에 미칠 수 있는 그런 딸이 될게요. 항상 지켜 봐 주세요.
제가 엄마께 든든한 방패가 되어 드릴게요. 그러니까 힘내세요.

2011년 9월 15일
부족하지만 한없이 엄마를 사랑하는 딸 소희 올림

죄송한 조미자 선생님께

완주 간중초등학교 4학년 유소희

선생님, 안녕하세요?

예쁘게 핀 장미처럼 저희도 활짝 피었어요.

오늘 저는 건강하고 기분이 좋아요. 선생님은 어떠세요? 예쁘게 핀 장미처럼 활짝 웃어야 되는데 저희 반은 요즘 활짝 웃는 것 같지가 않아요.

제가 생각하기에는 선생님과 저희들이 체육 때문에 불만이 쌓여서 그런 것 같아요. 선생님이 시험공부 때문에 체육을 하지 않아서 저희가 폭탄처럼 폭발해 버렸잖아요.

그때는 선생님이 미웠지만, 급식실에서 보면 항상 선생님께 죄송한 마음이 들어요. 왜냐하면 선생님이 다른 선생님들과 이야기를 잘 안 하시니까 선생님이 쓸쓸해 보여서요.

선생님, 저번에 아이스크림 사 주신 거 진짜 맛있었어요. 선생님께서 돈 들여서 아이스크림까지 사 주시는 것을 보니까, 겉으로는 저희를 신경 안 쓰는 것으로 보여도 항상 신경 써 주시는 친절한 선생님 같아요.

  선생님, 저희가 버릇없게 굴고, 선생님 말씀 안 들은 것 죄송해요. 이제부터는 우리 예쁘게 핀 장미 뿐만 아니라, 모든 꽃을 닮아가며 활짝 웃어요.

  선생님, 지금까지 제가 자신감이 없어서 표현하지 못했지만 항상 감사하고 사랑해요. 그리고 선생님, 항상 건강하세요.

  그럼 안녕히 계세요.

2011년 5월 20일
제자 소희 올림

존경하는 박정웅 선생님께

원주 만대초등학교 4학년 정성윤

장마가 계속되는 여름입니다.

선생님 건강은 어떠신지요.

저는 보람있게 방학을 보내고 있습니다.

제가 시립도서관에서 개최하는 "한국편지가족 편지쓰기강좌"라는 프로그램에서 공부를 배우고 있어서 이 편지를 쓰게 되었습니다. 제가 이 편지를 쓰는 또 다른 이유는 감사하는 마음을 전하기 위해서입니다.

또 선생님께서 저에게 공부도 재미있게 가르쳐 주시고 궁금한 것들도 알려 주시고 그림을 잘 그리는 법 등을 가르쳐 주셨기 때문입니다. 그리고 항상 제 곁에 계셔서 속상할 때 위로해 주시고 기분이 안 좋을 때 재미있게 해주셨기 때문입니다.

그리고 제가 선생님께서 말씀하실 때 짝과 떠들고 손장난도 많이 쳤었는데 선생님께서는 웃으면서 넘어가 주신 것도 감사하였습니다. 선생님께서 주신 그림노트와 여러 가지 공책에다가 그림을 그릴 때, 잘 그린다고 칭찬해 주셔서 감사합니다.

제가 4학년에 올라와서 처음 남자 선생님을 만났는데 무척 친절하게 대해주시고 항상 예뻐해 주시고 아껴주시며 또 사랑해 주신 점 정말 감사하게 생각합니다.

제가 선생님이 가장 재미있게 느낀 것은 말씀도 재미있게 하시고 머리도 M자인 것과 눈 옆에 점이 있는 것입니다.

제가 선생님께 본받을 점은 그림 그릴 때 자세히 그리는 것과 귀찮은 일도 꾸준히 하고 한 번 실패했다고 포기하지 않는 점입니다.

선생님, 늘 행복이 있기를 기원하며 이만 연필을 놓겠습니다.
늘 건강하시고 행복하세요.

2011년 7월 30일 곧 비가 올 것 같은 날에
성윤 올림

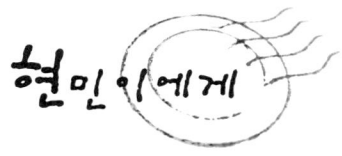

경남 죽림초등학교 6학년 이현민

안녕? 현민아.

요즘 아침에 많이 춥지?

길고 긴 여름이 지나고 벌써 쌀쌀한 가을바람이 분다. 여름일 땐 겨울이 그립더니 제법 쌀쌀해지니 여름이 그립다.

그래도 끈적끈적한 땀보단 귀가 얼 것 같은 느낌이 나아. 그런데 나는 그런 게 참 신기하다. 여름에는 '가을이 되었으면' 하고 바랄 때가 생생하게 기억나는데 벌써 가을이라니.

그래도 '나는 어제 공부를 많이 못했지.' 하고 후회하는 오늘처럼 늙었을 때 '내가 지난 세월 동안 무엇을 하고 살았는가.' 처럼 지나간 시간에 대해 후회하고 싶지는 않아.

이런 생각을 하니 허무하게 지나간 시간이 아쉽다. '그래도 앞으로 잘하면 되지.' 라는 생각을 가졌기에 시간을 하무하게 보냈어. '지금 당장 잘하도록 노력하자.' 라는 마음을 가져야 할 텐데….

내가 이런 생각을 가진 계기는「핀란드 공부법」을 읽고 나서 일거야. 물론 공부에 관련된 책이지만 '생각은 마음을 이기지 못한다, 하고 싶은 마음을 가지자, 지금 당장 실천하자.'를 모든 행동에 적용 시키고 있어. 물론 조금 변명을 하긴 하지만 노력하고 있지.

그래도 나는 궁금해. 언제쯤 공부가 하고 싶어질까? 시험이 부담 되는데 그러고 보니 난 마음을 털어놓고 얘기 할 상대가 없어 마음에도 없는 이야기를 지어 내기도 하지.

진실적인 얘기보다는 가식적인 얘기가 많아. 토론을 하고 싶은데 할 상대가 없고 마음이 맞는 상대를 찾는 것도 힘들어. 6년 동안 많은 친구를 만났는데 내 마음을 털어놓고 내가 생각하는 주제로 얘기할 상대가 없다니 그게 내 잘못이야. 안 그럼 친구 잘못인가? 주제가 생소한 건가?

참, 단 한 번 만이라도 누군가에게 내 속마음을 털어 놔 보고 싶다. 이런 말을 털어 놓는 것도 처음이지만, 그래도 좀 전보다는 시원하네.

내 마음 속에 숨겨져 있는 내 마음이 잠깐 동안 내게 모습을 보여 주었으니까.

안녕.

2011년 9월 25일
현민이가

인천사리울초등학교 3학년 김진석

엄마, 안녕하세요?

저 진석이에요.

지금은 여름인데 엄마께 감사해서 편지를 쓰는 거예요.

저는 엄마 은혜를 어떻게 갚아야 할지 모르겠어요. 나중에 커서 엄마가 아프시면 제가 엄마를 데리고 병원에 갈게요. 엄마 없으면 저도 세상에 없을 거예요. 아플 때 병원에 데리고 가서 제 생명을 살려주셨잖아요. 그래서 엄마를 제일 존경해요. 아빠도요.

그리고 엄마는 제가 못된 짓을 할 때 혼내주셔서 감사합니다. 엄마가 야단치고 때리지 않았다면 저는 못된 짓을 많이 했을 거예요.

얼마 전, 이사를 해서 제 방도 생겼고 이 학교로 전학을 와서 친구도 많이 사귀었어요. 엄마 덕분인 것 같아요. 안 그랬으면 저는 친구가 한 명 밖에 없었을 거예요. 그리고 여자 친구밖에 없었을 거예요. 아람단 활동을 허락해 주시고 편지캠프도 가는 걸 등록해 주셔서 감사합니다.

어제는 짜장면과 탕수육을 사주셔서 배부르게 먹었습니다. 저를 키워주시고 옷도 사주셔서 엄마를 사랑합니다. 엄마 덕분에 학교에서 많은 걸 알고 공부를 열심히 하고 있어요.

엄마, 지금은 편지를 쓰고 있어요. 편지를 쓰니까 '웃어라 동해야'에서 편지를 쓴 누가 생각 나서 그렇게 쓰고 싶어요. 하지만 선생님이 가르쳐 준대로 써야 되니까 좀 어렵지만 쓰다보니까 재미있어졌어요.

지금은 두 장째예요. 팔도 아프고 힘들지만 엄마를 위해서라면 아무 것도 아니에요. 엄마가 이 편지를 받고 좋아하시면 저도 활기차게 시작할 수 있어요.

윗몸일으키기도 연습해서 엄마랑 같이 하고 싶어요. 그러면 몸이 튼튼해지고 맛있는 음식 많이 만들어 주시면 감사하게 먹을게요.

그리고 만화책을 빌려 주셔서 감사합니다. 〈명탐정 코난〉을 읽었는데 무섭긴 무서워요. 범인이 우리 가족을 해치고 돈을 훔쳐가면 큰일이니까 두려워요. 그런데 엄마는 하나도 안 무서워요? 엄마는 겁이 없나 봐요.

엄마, 이젠 그만 마칠게요. 안녕히 계세요.

2011년 5월 20일
진석이 올림

육상대회에 나간 정현이에게

제주 법환초등학교 5학년 한지원

　비오다 갠 오늘은 꽤 날씨가 쌀쌀하구나. 운동장에 가득 핀 국화들도 추울까 봐 걱정했어.
　정현아, 오늘 편지쓰기 강의를 받고 나서 편지를 쓰려고 하는데 육상대회에 나간 네가 생각이 났어. 우리는 두 바퀴만 뛰어도 힘들다고 난리를 치는데 너는 매일 네 바퀴 이상을 묵묵히 달리잖아.
　네가 매일 아침 혼자 운동장을 몇 바퀴씩 뛸 때 정말 힘들어 보였어. 그래도 오늘은 그 결과물이 나오는 날이야. 정말 좋은 결과가 나와서 네가 힘이 났으면 좋겠어.
　오늘 네가 육상경기에 나가는 게 처음이잖아. 지금 기분은 어떨까? 많이 궁금해. 나는 육상 경기에 나가보지는 않았지만 네가 가지는 부담감을 알 것 같아. 나도 예전에 어떤 대회에 나간 적이 있는데 부담감이 심했어.

나는 네가 오늘 경기에서 좋은 결과를 낼 것이라고 믿고 있어. 네가 키는 작아도 '작은 고추가 맵다'는 속담처럼 매운 맛을 보여줄 것이라고 믿고 있어.

정현아, 네가 육상경기에 처음 출전한다는 부담감을 벗어버리고 노력한 만큼 최선을 다해주길 바랄게. 만약 네가 상을 받지 못하더라도 너 자신에게 실망은 하지 말았으면 좋겠어.

상을 받는 다른 육상 경기에 나왔던 사람들은 다 한 번씩은 나왔던 사람 일 거야.

결과물보다는 과정이 더 중요한 거 알지. 선생님이 매일 말씀하시듯이 나도 '행복은 노력 순'이라고 믿어.

오늘 대회에 나간 것만도 참 자랑스러워. 그리고 다음엔 경험이 쌓여서 더 잘하게 될 거야.

오늘 경기 잘해. 파이팅!

> 2011년 11월 5일 국화꽃 향기가 가득한 학교에서
> 네 육상경기를 응원하는 지원으로부터

존경하는 고정욱 선생님께

대구범어초등학교 3학년 하이안

아지랑이가 피어오르는 이때, 선생님은 잘 계신가요?
전 하이안이라는 초등학교 3학년입니다.
저도 잘 지내고 있습니다.
다름 아니라 제가 이 편지를 쓰는 이유를 알려 드리고 싶어서 이 편지를 드립니다. 얼마 전에 선생님께서 쓴 『아주 특별한 우리』라는 책을 친구가 꽂아 둔 학급문고에서 우연히 보았습니다. 표지에 그려진 일그러진 얼굴을 보고 저도 모르게 책 속으로 빨려 들어갔지요.
류예은이라는 저와 친한 친구의 책이 눈에 확 띄었습니다. 다른 책도 많이 있었지만 저는 그 책에만 빛이 난 듯 책을 집어 들었지요. 종민이와 종식이 남매가 떨어져 있다는 말을 들었을 때에만 앉아있어야 겨우 움직일 수 있다니.
저는 종식이 오빠가 불쌍하다는 생각과 한편으로는 나이답지 않은 어른스러움에 부끄럽기도 하였습니다. 늘 이것저것 사달라고 조르던 제 모습이 떠올랐기 때문입니다.

철없는 종민이가 부끄럽지 않게 형이라고 부를 수 있다는 이유가 마음의 벽을 허물었기 때문이라고 생각합니다.

늘 행복하시길 바라며 이만 연필을 놓겠습니다.

2011년 5월 25일
햇살드는 학교에서 하이안 학생 올림

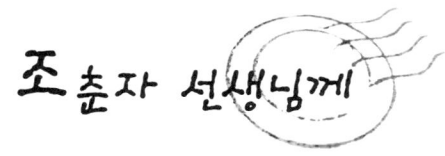

광주 큰별초등학교 6학년 홍정인

선생님, 안녕하세요?

한동안 꽃샘추위로 온몸이 꽁꽁 얼어붙었죠? 꽃샘추위도 풀리고 진짜로 봄이 와 꽃들은 서로 자기가 예쁘다고 다투고 있는 것 같아요. 저는 길가의 꽃도 참 예쁘다는 생각이 들어요. 역시 5월의 봄은 포근하고도 예쁜 계절이네요.

저는 저희 반 친구, 선생님과 가까워진 것 같은데 선생님께서는 3학년 3반의 꼬마들과 가까워지셨나요?

제가 3학년 3반의 귀여운 동생들을 볼 때엔 무척이나 착하고 개구쟁이인 것 같아요. 선생님께서 가르치고 계신 아이들은 분명 성실하며 착할 거예요.

저는요, 친구들과는 잘 지내는데 선생님과는 잘 지내지 못해요. 저희 반 선생님께서는 욱하는 성격을 가지고 계시기 때문이에요. 하지만 가끔씩은 재미있고 저희를 이해해 주시기도 하는 것 같아요.

 아, 벌써 제가 6학년이 되었다니 5학년 때가 너무나 그리워요. 선생님과 친구들 모두 재미있고 착했잖아요?

 장난기 많은 5학년 3반 친구들을 만났을 때, 처음엔 그 친구들이 미웠어요. 하지만 선생님 덕분에 서로 친해지면서 그 친구들이 좋아 그 말이 맞는 것 같아요.

 5학년 때, 은솔이, 은희, 여은이, 유진이, 수현이 하고만 같이 다녀서 선생님께서는 은솔이는 1반, 은희는 5반, 여은이는 2반, 저는 3반, 유진이는 6반, 수현이는 4반으로 모두 흩어지게 하셨어요. 전 처음에 선생님이 원망스러웠지만 선생님 덕분에 다른 친구들과 더 잘 어울리게 되었어요. 지금 그 친구들과 만나면 와락 끌어안기도 하는데 아직도 남은 정이 있나 봐요.

 요즘엔 그 친구들보다 선생님을 더 많이 만나네요. 복도에서 선생님을 만나면 절 와락 안아 주시거나 다독여 주시는 선생님, 정말 엄마 같아 전 그런 선생님 곁을 떠날 수 없겠어요. 선생님께서 저의 영원한 선생님이 되어 주시겠어요?

 절 보고 항상 웃어주시는 선생님, 저희 5학년 3반이었던 친구들은 남녀 상관없이 모두들 선생님을 그리워하고 있어요.

 전 졸업식 때가 가장 슬플 것 같네요. 복도에서라도 인사를 주고받는 선생님 곁을 이젠 정말로 떠나야 되니까요.

 선생님, 정말 감사했어요. 그리고 사랑해요.

2011년 5월 12일
선생님의 영원한 제자 홍정인 올림

보고 싶은 외할아버지께

김제 금구초등학교 2학년 장가은

벌써 봄이 되어서 개나리가 활짝 피어 있네요.
외할아버지께도 좋은 일 많이 있으셨나요?
저는 오늘 학교에 지각하지 않고 잘 왔습니다.
외할아버지, 저는 만날 외할아버지와 외할머니가 보고 싶어서 기도를 하고 있어요. 그래서 외할아버지께서 웃으시는 모습을 보고 싶어요.
내일 5월 8일, 외할아버지 외할머니께 드릴 카네이션 선물이 있는데 그 선물을 빨리 드리고 싶어요. 그래서 자꾸만 내일이 빨리 돌아왔으면 좋겠다고 생각해요.
외할아버지, 사랑해요. 외할아버지의 수염은 까칠까칠하지만 그 수염은 저를 기분 좋게 만들어 줘요.
외할아버지, 제가 다음에 또 외할아버지께 편지를 쓰거나 전화를 드리든가, 저희 가족이 함께 외할아버지 댁으로 놀러 갈게요.

그리고 제가 우리 학교에서 전교 1등이 되도록 노력할게요. 할아버지께서 저를 지켜봐 주세요. 그러면 제가 더 열심히 공부를 할게요.

외할아버지, 힘내세요. 파이팅!

2011년 5월 7일
외할아버지가 보고 싶은 가은 올림

가끔 미울 때도 있지만
사랑스러운 내 동생 륜아에게

서울불광초등학교 4학년 김린아

륜아야, 오늘은 륜아가 태어난 지 꼭 1년 되는 날이네.

이렇게 뜻 깊은 날 언니가 륜아에게 편지를 써서 너무 기뻐. 륜아가 이 편지를 읽을 때쯤이면 륜아는 훌쩍 커 있겠지.

언니가 륜아 사랑하는 것 알고 있어?

륜아가 세상 밖으로 나오던 날 언니는 륜아가 어떻게 생겼을까? 건강할까? 궁금했어. 다행히 이렇게 잘 자라주어서 고마워.

언니가 가끔 륜아를 괴롭히고 장난을 치는 건 륜아가 좋아서 그러는 거야. 그러니까 이해해주길 바랄게.

륜아에게 편지를 쓰니까 눈물이 나오네. 항상 건강하고 튼튼하게 자라 줘. 태어난 지가 엊그제 같은데 벌써 돌이고 일어서네. 이제 곧 걷고 말도 어눌하게 하겠지? 언니는 륜아가 커 가는 것이 신기하고 또 기대가 돼.

왜냐구? 먼 훗날 륜아가 '언니, 언니' 하고 따라다닐 거 아니야. 그 상상만 하면 입가에 미소가 퍼져.

언니가 30살 일 때 륜아는 20살이겠네. 나이 차가 많이 난다고 하지만 륜아가 언니랑 20살 차이가 나든 3살 차이가 나든 언니는 평생 륜아를 사랑할 거라는 거 알지?

'응애 응애' 울던 소리도 이젠 '깔깔' 웃는 소리로 바뀌고, 엉금엉금 기던 모습이 벌떡 일어서는 모습으로 바뀌었네.

륜아야, 생일 축하하고 평생 사랑할게.

2011년 5월 27일
륜아를 보면 입가에 미소가 퍼지는 언니가

사랑하는 김민정 선생님께

원주 교동초등학교 2학년 권나현

부채가 춤추고 나뭇잎에 초록빛이 나는 여름이 왔어요. 더워야 되는데 먹구름이 하늘을 덮고 햇빛을 놓아주질 않네요.

선생님, 선생님은 여름 방학 잘 보내고 계신지요?

저는 저번에 키즈니아도 갔다 오고 영월 장릉, 레프팅도 다녀왔어요.

선생님을 맨 처음 만났을 때, 선생님의 눈, 코, 입 하나 하나가 제 마음을 아이스크림처럼 녹였어요.

그래서 저는 선생님이 좋고 지혜로우신 분 같아요. 왜냐하면 아침마다 제가 제일 좋아하는 책도 읽어주시잖아요.

매일 하루에 1개씩 재미있는 시간을 넣어주시고 1교시 전에는 음악을 틀어서 즐겁게 수업하자고 하시고, 선생님은 아이디어가 넘치셔서 우리를 행복하고 재미있게 하셔요. 하지만 우리가 선생님 말씀을 안 들어서 죄송해요.

그래도 저는 선생님 마음을 어느 정도 잘 알 것 같아요. 남자 친구들이 장난치면 선생님께서 다칠까 봐 걱정이 돼요.

저는 선생님과 한 반이 되어서 무척 좋아요.

이만 마칠게요. 안녕히 계세요.

선생님, 사랑해요.

2011년 7월 30일
권나현 올림

세상에서 가장 사랑하는 어머니 아버지께

대전 새일초등학교 4학년 최수현

어머니 아버지, 예쁜 큰딸 수현이입니다.

가정의 달 5월이 되면 생각나는 분들이 많이 있지만 그 중 제가 가장 사랑하는 분은 바로 부모님이십니다. 늘 부모님의 사랑에 감사하는 마음을 가지고 있지만 아직 큰 사랑에 걸맞는 선물을 드리지 못하고 있습니다.

그런 제 마음을 듬뿍 담아 오늘은 감사의 편지를 드리기로 했습니다. 밖에서 일하시는 것도 많이 힘드실 텐데 집에 오셔서는 꼼꼼하게 제 숙제도 확인해 주시고 잘 모르는 공부도 친절히 가르쳐 주셔서 늘 감사하게 생각하고 있습니다.

요즘 같이 더운 날 집에 와서 냉장고 문을 열었을 때 마트에서 파는 음료수는 몸에 해롭다며 바쁜 와중에서도 직접 만들어 놓으신 딸기 쥬스를 보며 어머니의 큰 사랑을 느낀답니다.

아버지께서는 저녁 늦게까지 학생들을 가르치시느라 힘드실 텐데 저와 다현이에게 자상하게 신경 써주시는 모습을 뵈면 감사해서 눈물이 나기도 합니다.

저 수현이는 부모님께서 원하시는 훌륭한 사람이 되도록 열심히 노력하겠습니다. 늘 이렇게 다짐하면서도 가끔 제가 짜증도 내고 투정도 부리지만 금방 후회와 반성을 하고 있습니다.

앞으로는 우리 귀염둥이 다현이도 제가 더 많이 사랑하고 놀아 주도록 노력하겠습니다.

부모님께서 편찮으신 할머니 할아버지를 자주 찾아뵙기도 하고 늘 어른들께 잘 하시는 것을 보면서 저도 본받아야겠다고 생각하고 있습니다.

제가 커서 효도할 때까지 꼭 건강하세요. 우리 가족이 항상 건강하고 행복하기를 기원하겠습니다.

하늘만큼 땅만큼 사랑해요.

2011년 5월 2일
부모님을 사랑하고 존경하는 큰딸 수현 올림

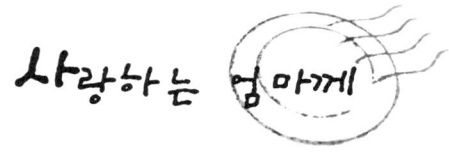

부산 구평초등학교 4학년 류현수

엄마, 날씨가 많이 추워졌어요. 출근하실 때 많이 춥지요?

저도 학교 올 때 많이 추웠어요.

오늘 엄마한테 고맙다는 말씀 드리고 싶어 편지를 써요.

저는 엄마 말씀도 잘 안 듣고 그러는데 엄마는 통영에도 데려가고 경주도 데려가 주셔서 고맙습니다.

통영에서 케이블카를 타고 꼭대기까지 올라갈 때 무척 재미있었어요. 케이블카에서 내려 정상까지는 걸어서 갔지요.

"엄마, 힘들어."

"조금만 참아. 다 가 간다."

힘들게 올라 경치를 보니 무척 좋았어요. 바다가 쫙 펼쳐 있고 시원하게 바람이 불어오자 힘든 것도 다 날아가 버렸어요.

정말 힘들게 올라가기를 잘했나 봐요. 엄마도 경치를 즐기면서 좋아하셨어요. 엄마의 모습을 보니 저는 더 기뻤어요. 내려와서 장어구이를 사주셨지요. 배가 고파서 그런지 꿀맛이었어요.

그리고 초가집을 구경했어요. 옛날 사람들이 이런 곳에서 살았구나 생각하니 지금 우리 집은 아주 좋았어요. 옛날 사람들은 어떻게 살았을까요? 무척 힘들었을 것 같아요.

이번에도 경주박물관에 데려가 주셨잖아요. 3D영화도 보고 테디베어 박물관에서 공룡도 만났어요. 그 곳에 공룡이 있다는 게 신기했어요. 얼마나 재미있었는지 몰라요. 이 모든 것이 엄마가 돈을 벌기 때문인 것 같아요. 엄마는 많이 힘들겠지만 우리는 많이 즐겁고 행복해요.

일하고 돌아오시는 엄마는 많이 피곤하면서도 맛있는 것도 사오시고 만들어 주기도 하시잖아요.

고맙습니다. 엄마 말씀 잘 듣고 컴퓨터 많이 안하고 TV도 조금 보고 공부 열심히 하고 책도 많이 읽을게요.

엄마, 건강하게 키워 주셔서 고맙습니다.

2011년 10월 25일
아들 현수 올림

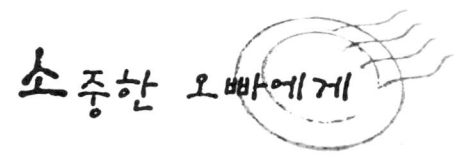

안양 박달초등학교 6학년 정한빈

오빠, 안녕?

오빠에게 하나 밖에 없는 여동생 한빈이야.

추운 겨울도 지나고 햇살이 고운 봄이 왔어.

우리는 항상 다투고 뭐 하나 양보도 안하는 그런 남매였지. 하지만 이제는 서로 양보하고 배려할 수 있는 남매가 되자.

내가 왜 편지 쓰는 줄 알아? 오빠 외국 갔잖아. 싱가포르. 근데 이제 하루 지났는데 왜 이렇게 쓸쓸하고 외로울까. 오빠가 있을 때는 싸우고 화가 날 때는 없어졌음 하는 마음뿐이었는데 말이야. 이렇게 내 곁에 없으니까 오빠가 너무나 보고 싶네.

오빠는 지금쯤 싱가포르에 가서 재밌게 놀고 있겠지? 오빠가 없으니까 집에서도 나 혼자라 외롭기만 하고 별로 재미있는 일도 없고 그래.

내가 영어 모르는 것 있을 때 오빠가 자상하게 문장 뜻 알려줄 때가 그립다. 그리고 오빠랑 2인 플레이어로 게임 같이 했던 거 계속 생각 나.

또 할 일 안했을 때 오빠가 나를 혼냈잖아. 그때는 그런 오빠가 미웠는데 지금 생각하면 왜 그랬는지 알 것 같아. 오빠는 나에게 하나 밖에 없는 소중한 오빠니까.

오빠는 동생인 나를 어떻게 생각하는지 모르겠지만 그래도 난 오빠가 좋은 것 같아. 앞으로도 사이좋게 서로 아끼면서 지내자.

그리고 나한테 엄할 땐 엄하고 자상할 땐 자상하게 대해 줘. 또 난 오빠보단 공부 머리가 딸리지만 그래도 오빠처럼 할 수 있도록 노력할게. 그리고 꼭 오빠 장래희망 지킬 수 있도록 기도도 해 줄게.

그리고 많은 것을 바라서 부담을 주긴 싫지만 되도록 서울대나 그런 유명한 대학교에 갔으면 좋겠어. 솔직히 오빠가 내 우상이니까, 앞으로도 충격 받을 만한 일 말고 좀 더 자랑될 수 있는 그런 일을 하도록 노력해 줘.

그럼 안녕.

2011년 5월 17일
한빈이가

보고 싶은 아버지께

서울풍납중학교 1학년 박예주

아버지, 안녕하세요?

저 예주예요.

오늘은 비가 많이 옵니다. 그쪽은 별 탈이 없으신지요. 연락을 자주 드리지 못해 심히 죄송합니다. 자주 드리려고 노력은 하나 그것이 쉽지만은 않네요. 아버지 얼굴을 뵌 지 2년이 넘어 갑니다. 많이 그립습니다.

저는 이곳에서 잘 지내고 있습니다. 친구들과도 잘 지내고, 어머니와 동생도 별 일 없이 잘 지내고 있습니다. 기온 차가 많이 나서 감기 걸리기 쉽습니다. 부디 따뜻하게 옷 잘 챙겨 입고 다니세요.

아버지께서는 그곳에서 어떤 생활을 하시는 지, 어디 아프시지는 않은 지 무슨 일을 하시는 지 궁금증과 더불어 걱정도 됩니다. 진지는 제대로 꼬박꼬박 챙겨서 드시지는 못하시더라도, 굶지는 마세요. 술도 많이 드시지 말고요. 얼굴을 뵙고 이런저런 이야기를 나누고 싶습니다.

올해 설 명절에 할머니를 찾아뵙지 못해 죄송하고 섭섭한 마음이 듭니다. 중학교 입학 문제와 어머니 건강이 좋지 않으셔서 그랬습니다.

핸드폰도 고장이 나서 연락할 길은 공중전화 밖에 없습니다. 그래도 공중전화가 예찬이의 초등학교 근처에 있어서 다행이라고 생각합니다.

저는 요새 곧 있을 중간고사에 대비하여 시험공부중입니다. 시험을 잘 봐서 좋은 성적을 아버지께 알려드리고 싶습니다.

몇 년 전, 초등학교 5학년 시절은 아직도 제게 쓰라린 상처로 남아있습니다.

그때는 아버지와 어머니를 많이 탓했지요. 남들과는 다른 집안을 원망도 해보고, 불평도 하고, 그것을 이유로 부모님께 반항도 하고, 나쁜 길로 빠져서 속상하게 해드렸으나 그렇게 해봤자 그것은 제 손해 밖에 되지 않는다는 것을 알고 지금은 그 마음을 고쳐먹고 노력하며 살고 있습니다.

그러나 예찬이는 별로 그런 것 없이 정말 아무 일도 없었다는 듯 행동하고, 조금은 질이 좋지 않게 변하는 듯합니다.

그래도 주위에서 도와주는 사람들과 제가 도와주니까 어느 정도는 좋아지는 듯합니다.

올해 2월 17일 초등학교 졸업식이 있던 날, 그날따라 아버지가 얼마나 그립고 보고 싶던지, 하마터면 졸업식 도중에 펑펑 울 뻔 했습니다.

그리고 장학금을 받을 때는 왜 그렇게 서러웠는지 약간 오기도 생겼습니다.

아버지, 정말로 많이 보고 싶습니다.

예나 지금이나 왜 아버지를 생각하면 콧날이 시큰하고 눈물이 나올 것만 같은지, 아버지가 계실 때에는 몰랐던 것들이 다른 집 아버지들과 비교하면서 '우리 아버지는 왜 내 친구들 아버지보다 못난 거지, 창피해'라고 생각했던 시간들.

제가 보던 아버지는 상처가 많고, 파스와 약 냄새가 나고 남들보다 무능했고 남에게 보여주기 싫던 아버지셨지만, 지금은 우리 아버지가 제일이라는 것을 느낍니다.

비록 자주는 아니더라도 놀아 주시고, 우리 남매를 생각해서 가끔 과자도 사오시던 우리 아버지, 엄마나 동생과 싸우면 항상 오셔서 위로해 주시고 내 편이셨던 나의 아버지.

저는 남들보다는 아버지께서 내 마음을 제일 잘 알아주신다는 것을 이제야 알고 많이 후회합니다.

제게는 아버지께서 제일이라는 것을 확신하며 언제 어떻게 만나든 아버지를 부끄러워하지 않고 자랑스럽게 "우리 아빠야!"라고 할 수 있을 것 같습니다.

건강 조심하시고, 차 조심하시고, 교회 나가십시오.

저도 아버지를 위해 기도하겠습니다. 밥 잘 챙겨 드시고, 후일에 전화 드리겠습니다.

　아버지, 마지막으로 진심으로 사랑하고 존경합니다.

　　　　　　　　2011년 4월 30일 토요일 비가 많이 오는 날
　　　　　　　　언제까지나 아버지를 사랑하는 딸 예주 올림

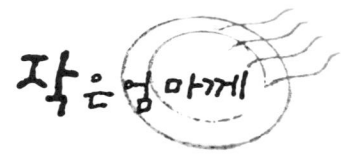

고창 신림중학교 3학년 전성영

안녕하세요? 작은엄마.

저 성영이에요.

6시만 되어도 어두컴컴하더니 요즘 부쩍 해가 길어진 걸 보니 벌써 또 기나긴 겨울을 지나 봄이 왔구나 하는 걸 느껴요. 길가에 핀 노오란 개나리가 봄소식을 알리고 등굣길 나무에 한동안 보이지 않던 청설모가 반겨주는 그런 봄이 왔어요.

작은 엄마와 정을 쌓은 지도 어느새 9년이 되었네요. 그 긴 시간 동안 눈물을 흘리는 일도, 서로가 함박웃음을 지었던 일도 수백, 수천 번을 반복하며 달려왔던 것 같아요.

일곱 살에 처음 만난 작은엄마가 저에게 큰 힘이 되어 주시고 힘들 때 기댈 수 있는 분이 될 거라곤 생각도 못했어요. 제 복이면 복이고 제 운명이라면 운명이겠지요. 남과는 조금 다른 가정환경과 한시도 조용한 날 없던 저희 집에 저 혼자 고민하고 힘들어하던 큰 짐을 하나씩 이고 같이 가주시는 작은엄마. 솔직히 저보다 이고 가는 짐도, 힘든 짐도 몇 배는 더 많으시겠지만 항상 제 편이 되어 주고 위로해 주고 걱정해 주고 절 믿어주시니 감사드려요. 아니 죄송해요.

항상 제 앞에서만큼은 강한 척 하시고 괜찮은 척 하시던 작은엄마가 요즘 들어 부쩍 눈물을 흘리는 모습도, 우울해하는 모습도 나날이 갈수록 아무것도 해 드릴 수 없는 제가 너무 죄송하고 속상해요.

가끔 그런 생각을 한 적이 있어요. 저야 힘들면 작은엄마께 털어놓으면 되지만 작은엄마는 힘드실 때 어떻게 하실지. 답답한 마음 항상 속으로 혼자 참아가며 스스로를 달래고 애써 괜찮은 척 웃음지어 주시는 작은엄마를 알기에 더 마음이 아파요.

작은엄마께서 그러셨죠? 힘든 일이 있는 만큼 좋은 일도 생길 테니 힘내자고요. 세상 사람들 누구나 말로는 죽을 만큼 극단적이라해도 어떻게 어떻게 다 해결해가고 잘 살더라고요. 저희도 그렇겠죠? 기나긴 시간 많이 지치고 캄캄한 어둠 속이었으니 이제는 즐겁고 행복하고 밝은 빛으로 환하게 비춰 줄 그런 날만 남은 것 같아요.

저의 마음 속 큰 빈자리 항상 채워주셔서 감사해요. 누구보다도 항상 진지하고 진솔하게 제 고민과 얘기 다 들어주시는 점도 감사해요. 많이 부족하고 아직 철이 덜든 저를 바른 길로 인도하여 주시고 잘못된 건 바로 충고해 주시고 좋은 말씀 많이 해주시고, 저에 대한 거라면 항상 먼저 싫은 내색 안하고 해주셔서 감사해요. 하루하루가 작은엄마에게 배우는 점도 많고 한층 더 성숙해 질 수 있게 도와 주셔서 기뻐요.

앞으로는 제 걱정보다 작은엄마 몸 관리 하셨으면 좋겠어요. 쌀쌀한 날씨에 감기 걸려서 고생하시는데 얼른 나으시길 바랄게요. 작은엄마가 저한테 주신 사랑, 하루 빨리 커서 효도로 갚도록 할게요.

감사드리는 말씀은 해도 해도 끝이 없을 만큼 많아요. 항상 행복하세요. 작은엄마가 저에게 기대하고 믿어주시는 거 실망시켜드리지 않게 노력할게요. 지켜봐 주세요.

그럼 이만 줄일게요.

사랑해요. 작은엄마!

2011년 4월 4일
작은엄마를 좋아하는 성영 올림

사랑하는 외할아버지께

서울원묵중학교 2학년 정재욱

추운 겨울이 지나고 화창한 봄의 끝 무렵, 이제는 여름이 곧 다가올 것 같습니다.

외할아버지, 그동안 건강하게 잘 지내셨는지요?

저 외할아버지의 손자 재욱입니다.

제가 오늘 외할아버지께 갑작스럽게 편지를 쓰는 이유는 학교에서 소중한 분께 사랑하는 마음을 담은 편지 쓰기 수업을 했기 때문입니다.

그 말을 듣고 가장 먼저 생각난 사람은 외할아버지였습니다. 겉으로는 안 그러시는 듯 하지만 속으로는 누구보다 우리를 사랑해주시는 외할아버지와의 추억들이 새록새록 생각납니다.

어릴 적, 매번 외할아버지 댁에 방문했던 우리 가족에게 외할아버지는 별로 신경 쓰지 않으셔서 저는 괜히 서운했습니다. 우리가 간 게 방해가 된 것이 아닌가 하는 생각이 들어서 죄송스러운 마음이 들기도 했습니다.

　그러나 지금은 외할아버지의 마음이 모두 이해가 됩니다. 항상 저와 동생에게 이곳 저곳 많은 구경을 시켜주시고 맛있는 음식을 한상 가득 차려 주시는 외할아버지의 배려와 무한한 사랑을 이제야 깨닫게 되니 고마워집니다.

　명절 때면 외갓집에 가서 외할아버지를 도와드리고 기쁘게 해드리고 싶은 제 마음이 번번이 제대로 표현되지 않아 아쉽고 죄송스럽기만 합니다.

　중학생이 되어서는 제가 받은 사랑을 보답하는 효행을 실천하리라 다짐했지만 슬픈 소식이 전해졌고 저는 충격을 받았습니다.

　외할아버지의 갑작스런 암 발병 소식. 이 소식은 저에게 너무나 큰 충격이었고 두려움마저 생겼습니다. '혹시 이대로 외할아버지께서 영원히 떠나시는 것이 아닐까?' 라는 해서는 안 될 끔찍한 생각마저 들면서 불안감이 너무 커졌습니다. 매일 병수발을 들고 오는 어머니의 표정이 어두우면 덩달아 제 마음도 아파지고 걱정이 되었습니다.

　가족이 병문안을 간 그날, 평소의 건강하고 활기찬 외할아버지가 아닌 초췌하고 힘없는 외할아버지를 뵈니 처음에는 '다른 사람인가, 병실을 잘못 찾아왔나.' 라는 생각이 들고 충격을 넘어 멍해졌습니다. 그날은 하루 종일 뭐라 말도 못하고 충격에서 헤어 나오지 못한 채 무의미한 하루가 지나갔습니다.

몇 달 뒤 상태가 호전된 외할아버지께서 외할머니와 함께 우리 집에 오셨습니다. 지난번보다는 생기 있는 외할아버지를 보니 안도가 되었지만 아직은 힘들고 불편해하시는 모습에 저도 편하지 않았습니다.
　그러나 마음과 달리 몸이 따라주지 않았습니다. 좀더 편안히 지내실 수 있게 도와드리지 못한 점, 심심하실 때 말동무를 해드리지 못한 점. 그런 과오들이 아직까지도 너무 죄송스럽고 후회됩니다.
　외할아버지께서는 저에게 항상 많은 사랑과 깊은 배려를 베풀어주셨습니다. 그 은혜만큼 너무나 크고 값진 것은 없습니다. 제가 살면서 외할아버지의 마음과 추억은 절대 잊지 않고 고이 간직할 것입니다.
　제가 외할아버지께서 아프고 힘드실 때, 작은 힘이나마 보태지 못하고 무엇을 할지 모른 채 갈팡질팡한 행동에 실망하셨을 것입니다.
　그러나 이제는 달라지겠습니다. 제가 받은 은혜를 보답하고 미안한 감정들을 씻어내기 위해서 항상 사랑하고 감사의 마음을 가지면서 외할아버지를 도와드릴 것을 약속합니다.
　다음 명절에 뵐 때까지 안녕히 계십시오.

2011년 5월 7일
외할아버지의 손자 재욱 올림

세상에서 가장 따뜻한 사랑을 주신 할아버지께

광주 각화중학교 1학년 문정윤

할아버지, 벌써 추운 겨울이 지나가고 벚꽃, 진달래꽃, 개나리꽃이 아름다움을 뽐내는 봄이 찾아 왔네요.

할아버지와 함께 이 아름다운 봄을 보내지 못하는 게 정말 가슴 아파요.

할아버지께서 돌아가신 지 벌써 한 달이 지났지만 할아버지를 그리워하는 마음만은 변함이 없고 언제나 제 마음 한 구석은 비가 내린답니다. 아직도 할아버지께서 주신 사랑에 비해서 제 슬픈 마음은 아무 것도 아닌가 봐요.

지금은 가정의 달 5월이에요. 할아버지께서 계시지 않는 5월을 보내려니까 너무 허전하고 휑해요. 할아버지께서 주신 선물과 편지와 사랑은 아직도 잘 간직하고 있어요. 걱정 마시고 하늘나라에서 편하게 쉬세요.

그리고 할머니랑 아빠, 작은아빠한테 있는 슬픈 마음 잘 어루

만져 주세요. 그리고 다시 환하게 웃을 수 있게 해주세요.

할아버지한테 자주 찾아가지 못하고 잘 챙겨드리지 못해서 죄송해요. 할아버지께서 많이 외로우셨을 거라는 생각이 드니까 꼭 저 때문에 돌아가신 것 같아요.

할아버지, 용서해 주실 거죠? 그 대신 할머니한테 할아버지 몫까지 더 자주 찾아 갈게요.

저 곧 있으면 여행 갈 거예요. 할아버지께서도 제 옆에 항상 따라 다니실 거죠? 우리들의 안전을 위해 기도해 주세요. 정말 바다를 먹물 삼고 하늘을 종이 삼아도 할아버지에 대한 제 그리움이나 할아버지의 사랑을 다 적지 못할 거예요. (성경 찬송가 구절에서 나온 말이에요)

제가 다 자랄 때까지 잘 지켜봐 주세요.

2011년 5월 7일 벚꽃이 흰 눈처럼 떨어지는 화창한 봄날에
사랑하는 손녀 정윤이 올림

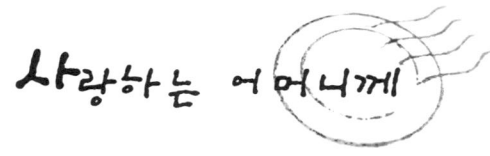

서울성원중학교 3학년 최희선

안녕하세요?
꽃샘추위 때문인지 3월임에도 날씨가 쌀쌀하네요.
물론 저도 춥지만 외투 한 장 안 걸치고 잘 다니고 있습니다.
지금 저는 약간 감기 기운이 있는 것 같지만 그래도 건강해요. 잘 먹고 잘 자고 잘 놀고 있으니까요.
요즘 제가 너무 공부한다고 짜증만 내서 정말 죄송해요. 그러려고 한 게 아닌데 저도 모르게 짜증이 나요. 하지만 그만큼 저 정말 열심히 공부하고 있어요.
3학년이 돼서 갑자기 진로와 진학이 걱정되기 시작하면서 1,2학년 때 놀았던 것이 후회가 돼요. 역시 엄마가 해주시는 말씀을 잘 들어야 했었는데. 괜한 사춘기 때문에 반항심만 늘어나서 엄마를 힘들게 했어요. 제가 그동안 제 발등 찍고, 속 썩혀드린 거 다 잊도록 앞으로 행동을 잘 할게요.

오늘 학교에서 '3학년이 된 나의 각오'라는 것을 썼는데요. 왠지 그런 것들을 쓰다 보니 '정말 내가 3학년이 되었구나!'라는 생각과 정말 열심히 해야겠다는 생각이 들었어요.

전 그곳에다가 '3학년이 되면 행실도 바르게 하고 성실해야겠다'라고 썼어요. 제가 이렇게 쓴 만큼 정말 변화하는 희선이가 될게요.

이제 엄마 아빠 결혼기념일이 다가오네요. 그날 저녁 식사는 제가 직접 만들어 드리고 싶어요. 그래서 요즘 엄마가 요리할 때 좋아하는 음식, 레시피를 막 귀찮게 물어 봤던 거예요. 기대하세요. 그리고 이건 편지에 쓰지 않아도 되는 말이지만 요즘 엄마가 심한 말을 해서 조금 상처받아요.

전 엄마가 '파이팅! 사랑해 우리 딸!'이라는 말을 해주실 때가 제일 좋아요. 물론 제가 앞으로 이런 말을 듣게끔 항상 노력할 거예요. 그러니까 앞으로 칭찬 많이 해주세요. 저도 칭찬 받을 일만 할게요.

엄마, 이런 말은 매년 반복되는 레파토리지만 그래도 할게요. 엄마 진짜 진짜 사랑하구요. 앞으로도 건강하시고 저 태어나게 해주셔서 감사해요.

앞으로 조금 화나는 일이 있더라도 대화로 풀도록 해요. 저도 그만큼 노력할게요. 앞으로도 옆길로 세지 않도록 잡아주세요.

그럼 엄마, 안녕히 계세요.

2011년 3월 5일
딸 희선 올림

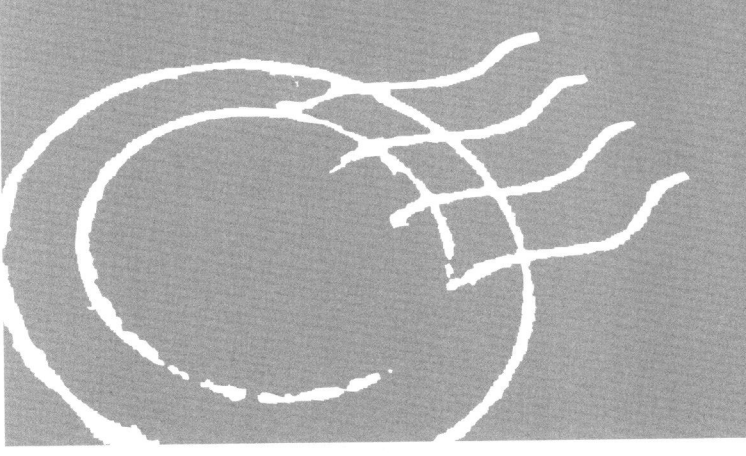

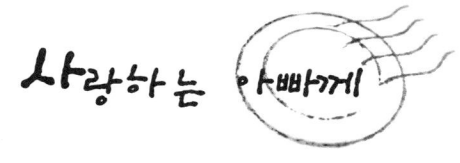

안성 산평초등학교 6학년 홍다은

안녕하세요?

저는 아빠의 큰딸 다은이에요.

솔바람이 살랑살랑 휘파람을 불고 꽃들과 나비들이 화음을 내던 게 엊그제 같은데 벌써 여름이 끝나가고 있어요. 그래서인지 유난히 비도 더 많이 내리는 것 같아요.

집을 떠나 수련원에서 보낸 밤은 그리 썩 좋지 않았어요. 첫날이라서 그런지 적응이 되지 않더라구요. 그래도 캠프 둘째 날인 오늘은 익숙해질 듯해요.

지금 여기 충남 금산은 날씨가 변덕이 너무 심해요. 심술이라도 난 듯 비가 오다가 그쳤다가 한답니다.

그 쪽 날씨는 어때요? 비가 오지 않더라도 갑자기 올지 모르니 우산 꼭 챙겨 다니세요. 이번 2박 3일 편지쓰기강좌 캠프에 제가 간다고 했을 때 비가 온다고 조심하라며 걱정해 주시던 아빠의 모습이 아직도 아른거려요.

　아빠, 여기서 만난 친구들은 다 순하고 착해요. 수련원 시설도 좋고 선생님들께서도 자상하세요. 그러니 걱정은 하지 않으셨으면 좋겠어요.

　일찍 수원역에 도착해야 해서 제가 인사도 못 드리고 그냥 나왔는데 아직까지도 죄송스러워요. 전화도 제일 나중에 드려서 조금은 섭섭하셨죠?

　아빠께서는 제가 표현을 잘 못해서 별로 사랑하지 않는다고 생각하시는 것 같아요. 하지만 절대 아니에요. 저는 그 누구보다 아빠를 사랑해요.

　이제 캠프 둘째 날도 저물어가네요. 하이라이트인 편지쓰기를 하고 있으니까요. 제가 캠프에 와 있는 동안 건강하고 아무 일 없이 계셨으면 좋겠어요. 남은 캠프 일정도 걱정 끼쳐 드리지 않게 조심할게요.

　사랑해요, 아빠.

2011년 8월 10일
큰딸 다은 드림

충주 탄금초등학교 5학년 조은채

안녕하세요?

저는 아빠의 하나 밖에 없는 딸 은채예요. 오락가락하는 심술쟁이 날씨 때문에 편찮으시진 않으세요? 전 햇살 같이 따스한 아빠의 보살핌 덕분에 아프지 않고 즐겁게 지내고 있어요.

이 세상에서 가장 안전한 집을 벗어나 2박 3일 동안 수련원에서 편지쓰기강좌 캠프를 한다는 것에 솔직히 처음에는 가고 싶지 않은 마음도 있었어요. 하지만 아빠께서 "은채야, 여러 캠프나 봉사활동에 참여해서 리더십을 키우고 다른 친구들과 친해지는 것도 중요해."라고 말씀하셔서 다시 오고 싶은 마음이 생기기 시작했어요.

아빠, 이곳 편지쓰기강좌 캠프에서는 골프, 국궁, 난타 같은 재미있는 활동도 하고 이정록 시인의 강좌, 여러 선생님들께서 들려주시는 편지 이야기, 엽서 이야기를 귀를 쫑긋 세워서 들었어요. 무척 재미있고 즐거운 강좌였어요.

　새로운 친구들을 만나 벌써 8명의 친구, 동생, 언니들과 친해져서 즐겁고 재미있었어요. 처음에는 탄금초등학교에서 5학년은 저 한명만 오게 되어 섭섭했는데 이곳에 와서 다른 지역에 사는 친구들과 친해지고, 같이 자면서 진정한 우정을 제대로 느끼게 되었어요.

　친구들이 있어서 캠프가 더 즐거워졌어요. 2학년 때 담임 선생님이셨던 권혁란 선생님 덕분에 이런 좋은 기회를 가질 수 있었던 것 같아요. 이렇게 좋은 캠프가 있다는 것을 알게 되니 또 오고 싶다는 생각이 떠오르게 되었어요.

　아빠, 항상 제가 모르는 문제, 헷갈려하는 문제를 들고 쪼르르 달려가 여쭈어 볼 때, 웃으시면서 재미있게 설명해 주고 가르쳐 주셔서 정말 감사해요. 아빠께서 제가 모르는 문제를 가르쳐 주시면 머리에 쏙쏙 들어와서 오래오래 기억하게 되더라고요.

　아빠, 이제 편지를 줄일게요.

　내일 제가 집으로 돌아가면 저를 웃는 얼굴로 안아 주세요.

　사랑해요. 안녕히 계세요.

2011년 8월 10일
편지쓰기강좌 캠프를 즐기고 있는 은채 올림

최고보단 최선인 엄마께

수원 고현초등학교 5학년 최 은

엄마, 안녕하세요?

엄마의 둘째 딸 은이에요.

새싹이 돋아나는 산뜻한 바람이 불어오는 그런 봄이면 좋겠지만, 안타깝게도 뜨거운 바람이 불고 새싹이 이미 다 자라고 있는 여름에 엄마께 편지를 쓰게 되었네요.

맨 처음 이곳 편지쓰기강좌 캠프에 저 혼자 오겠다고 했을 때, 엄마께서는 친구 없이 잘 적응할 수 있을까 걱정하셨지만 잘 어울려 착한 친구들을 많이 사귀었어요.

이곳 수련원은 깊은 산속에 있지만 우리가 머무는 숙소도 좋고 시설들도 좋아요. 그러니까 걱정하실 필요 없어요.

이곳에는 비가 오긴 하지만 폭우는 아닌데 그곳 수원은 괜찮은가요? 엄마가 잘 지내고 계실 줄 알고 있지만 괜스레 걱정이 되네요.

엄마, 이곳 산 속 낯선 곳에서 서로 모르는 아이들과 적응해 나가는 힘이 제게 잠재되어 있었다니 놀라울 따름이에요. 이런 힘을 제 몸 깊숙이 잠재시켜준 분은 아마 엄마가 아닐까 싶어요.

이곳에 오기 며칠 전 엄마께 짜증을 냈는데 편지를 쓰려고 하니 문득 생각이 나네요. 저는 아무 생각 없이 혼자 있고 싶은데 엄마랑 언니가 말을 걸고 자꾸만 같이 뭘 하자고 해서 짜증이 난 걸 엄마께 그만 풀고 말았어요.

그런데 그게 엄마께 상처가 될지는 몰랐어요. 그때 저도 엄마께 괜한 화풀이를 했던 게 죄송해서 말씀을 못 드리다가 이제야 엄마께 말씀드리게 되어 죄송합니다.

엄마, 이제 쓸 공간이 없네요. 할 말은 나중에 시간이 되면 말씀드리도록 할게요.

안녕히 계세요.

2011년 8월 10일
엄마의 자랑스러운 딸이 되고픈 은 올림

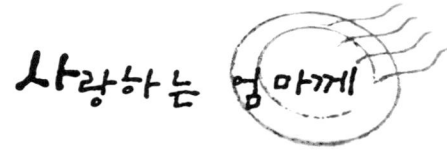

서울미성초등학교 5학년 이재민

안녕하세요?

저 재민이에요.

이곳은 계속 비가 와요. 그곳에도 비가 오고 있겠죠?

저는 잘 지내고 있어요. 벌써 모르는 애들과 많이 친해졌어요. 처음에는 서로를 몰라 좀 어색하기도 했어요.

승준이도 걱정 마세요. 제가 잘 돌보고 있으니까요.

어제 처음으로 하룻밤을 보냈어요. 엄마께서 안계셔도 잠이 솔솔 왔어요. 엄마께서 주신 돈도 조금 썼어요. 그래도 아직 있긴 있어요.

엄마는 어때요? 저희들이 집에 없어서 아주 좋죠? 매일매일 저에게 밥을 줘야 하는데 엄마 혼자 먹을 것만 챙기면 되잖아요.

이제 하룻밤만 더 자면 곧 엄마에게 갈 거예요.

참, 어젯밤엔 아이들과 공놀이를 했어요. 너무 재미있어서 졸린 줄도 몰랐어요. 그 다음엔 무서운 이야기를 했어요. 꿈속에 귀신이 튀어나왔어요. 그래도 무섭지는 않았어요.

밥은 정말 맛있어요. 어제 점심에는 스파게티가 나왔어요. 전 너무 좋았어요. 더 좋은 건 자기 마음대로 맘껏 먹을 수 있다는 거예요. 그러나 남기면 벌칙을 받을 수 있어서 남기지 말고 다 먹어야 해요.

어제는 골프를 해 봤어요. 해양 소년단에서 해 봐서 다 알았어요. 밤에는 장기자랑을 했는데 저는 나가지 않았어요. 왜냐하면, 준비한 게 없었거든요.

그리고 숙소에서 11시쯤에 잠을 잤어요. 여태까지 엄마께서 모든 걸 해주셨는데 이젠 저 혼자 할 수 있게 되었어요. 내일이면 엄마를 볼 수 있겠네요.

그때까지 안녕히 계세요.

2011년 8월 10일
재민 올림

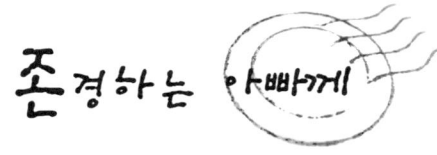

전주 화산초등학교 6학년 이효진

안녕하세요?

저는 아빠의 활력소 효진이에요.

지금 수련원의 날씨는 비가 계속 와서 울적해요. 전주의 날씨는 어떤가요?

저는 지금 편지쓰기강좌 캠프 때문에 금산 마달피삼육수련원에 와서 좋은 친구들을 사귀어서 재미있게 놀고 있어요.

아빠는 아프지 않으시죠?

사복이 아닌 초등부, 중등부로 나눠 다른 색깔 티셔츠를 입고 있는데 저는 지금 오렌지색 티셔츠를 입고 있어요. 그런데 숙소가 아쉽게도 서로 떨어지게 되었어요.

하지만 효경이가 옆방에 있어서 그럭저럭 괜찮긴 하지만 저를 빼고 원래부터 친구인 아이들이어서 너무 어색해요. 그래도 도이 언니가 있어서 다행이에요. 도이 언니도 친구가 없어서 서로 같이 놀고 있어요.

아빠, 저희 걱정은 하지 마시고 편하게 밥도 드시고 잠도 주무시고 일도 하세요. 왜냐하면 저희는 건강하니까요.

　요즘 저희가 고모네 집에서 생활해서 뵌 지 오래 되었는데 이번 주말에 놀러 갈게요. 할머니 할아버지께도 안부 전해주세요.

　그런데 오빠는 저희가 없어서 행복한가 봐요. 아주 얼굴이 싱글벙글이에요. 저희도 오빠가 없어서 좋긴 한데 어떨 땐 보고 싶어요. 제 친구들이 오빠를 보고 완전 귀엽대요. 제가 볼 땐 하나도 안 귀여운데….

　그리고 교관 선생님들이 너무 무서워요. 특히 점호 때가 가장 무서워요. 그래서 똑같이 이불을 세 번이나 갰다 폈다 했어요. 어제는 자는데 이상한 소리가 들려서 너무 무서웠어요. 그래서 이불을 머리까지 덥고 잤더니 괜찮았어요. 저의 동반자 인형을 놓고 왔더니 쓸쓸하고 외로웠어요.

　하루 빨리 집에 가고 싶은 마음이에요. 그러면 주말에 봬요.

　아빠, 사랑해요.

2011년 8월 10일 비오는 날
사랑스러운 딸 효진이가 존경하는 아빠께 올림

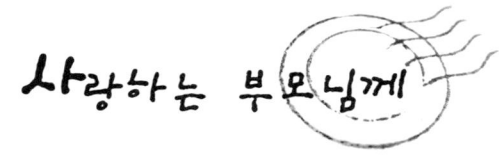

강원 봄내초등학교 5학년 전현택

안녕하세요?

빗물이 신발을 적시는 여름 장마철이에요.

지금 저는 편지쓰기강좌 캠프 중이에요.

저희가 온 곳은 충남 마달피삼육수련원이에요. 처음 왔을 땐 너무 어색해서 말도 못하고 가만히 있었어요. 그렇지만 하루가 지나니 적응이 되어 이야기도 잘해요.

이곳 수련원은 『허클베리 핀의 모험』에 나오는 산 속의 집 같아요.

저는 이곳에서 골프, 난타, 국궁 등의 체험활동을 했어요. 힘들지만 재미있었어요.

그리고 숙소에 들어가 보았어요. 오늘도 묵었지만 숙소는 깨끗하고 친구들도 좋은 것 같아요. 저는 이곳에서 재미있게 지내고 있어요.

부모님도 잘 지내시겠죠?

그 다음은 식당 상황을 알려드릴게요. 오늘은 마파두부, 밥, 김치, 방울토마토를 먹었어요. 김치는 맛있었는데 마파두부는 달고 고기가 없어 조금 실망했어요. 그래서 조금 남겼어요. 다음에는 한 번에 많이 안 뜰게요.

이곳에는 모기도 많고 벌레도 많고 비도 많이 와요. 춘천도 그러나요?

또 이곳 음식을 먹으니 엄마가 해 주시는 따뜻한 밥과 계란 프라이가 생각나요. 집에 돌아가면 꼭 해 주세요. 벌써부터 음식 생각에 군침이 돌아요.

이곳에서 고생하니 너무 힘들어요. 이불도 개야 하고 청소도 해야 하니 엄마의 마음을 조금이나마 이해할 수 있을 것 같아요. 집에 가서는 청소, 빨래도 도와드리고 심부름도 열심히 할게요. 아셨죠? 할 말이 많지만 나중에 또 말씀드릴게요.

그럼 안녕히 계세요.

2011년 8월 10일
부모님을 사랑하는 현택 올림

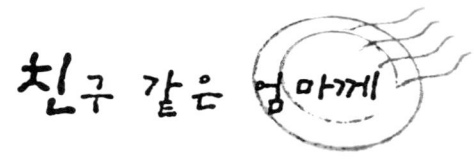

친구 같은 엄마께

대구동성초등학교 5학년 박미현

엄마, 안녕하시죠?

저는 지금 수연이 말고 친해진 은채한테 샤프심 한 개를 주고 엄마께 편지를 쓰고 있는 중이에요.

건물 밖에는 비가 와서 질퍽질퍽한 진흙들이 엄청 많이 모여 있어요. 제가 싫어하는 소름 돋는 것이 많이 있을 것 같네요. 연체동물을 싫어하는 엄마를 닮아서 그런가 봐요. 친구 같은 엄마인데 예의를 갖추려니 어색하네요.

그래도 엄마의 소중한 딸이 친구들이랑 친해져서 다행이에요.

처음에는 전국에서 모이다 보니 무섭고 숨이 막힐 것 같았는데 지금은 유머가 넘쳐요. 정말 개그맨을 해도 될 듯한 선생님도 많으시고 마달피수련원도 익숙해졌어요. 엄마보다는 아직 한창 멀었지만요.

너무 제 얘기만 했나요? 하하 저도 이제 여자라서 수다를 많이 떻게 되네요.

엄마는 집에서 잘 계시죠? 언니는 아마 좋아서 땅이 꺼지도록 폴짝폴짝 뛰고 있을 거예요. 저 없을 때 언니가 청소를 몽땅 할 것을 생각하니 입이 귀에 걸리겠어요.

엄마는 호빵 같이 푸근한 얼굴로 가정을 가꾸고 있겠죠? 이거 잘 쓰면 상 준다는데 그냥 갑자기 포기하고 싶어요. 그렇지만 상은 정말 받고 싶어요. 누구든 다 받고 싶어서 집중해서 열심히 쓸 거예요.

그런데 저 어떡해요? 시간은 다 지났는데 왠지 강제로 쓰는 것 같아서 엄마에 대한 진실한 마음이 표현되지 않아요.

그래도 걱정하지 마세요. 작가의 꿈을 이루고 싶은 마음은 있는데 지금 와서 보니 제가 너무 쉽게 생각한 것 같아요.

여기서 제가 제일 못하는 것 같아요. 친구들, 중학생 언니 오빠들 너무 잘하는 사람이 많더라고요.

이번을 계기로 제가 많이 노력을 해야겠다는 생각이 들었어요. 아직은 다른 친구들보다는 실력이 부족하지만 이번 캠프를 통해서 더 많은 체험을 했으니 노력해서 열심히 할 거예요.

지금 시간이 부족하네요. 너무 고민만 털어놓은 것 같지만 저 잘할게요. 여기선 엄마에 대한 고마움을 표현 못 하겠는데 저 효도하고 싶은 마음 나중에 더 많이 편지로 전할게요.

더 착한 딸이 되도록 노력하겠고요. 너무 서운해 하지 말고 건강하고 오래오래 사세요.

언제나 제 버팀목은 엄마밖에 없으세요. 그럼 저 남은 날도 잘 지낼 테니까 안녕히 계세요. 사랑해요.

2011년 8월 10일
마달피삼육수련원에서 엄마의 수호천사 딸 미현 올림

내 인생 최고의 지원군 엄마께

순천 매산중학교 3학년 김보비

웬일인지 햇빛이 쨍쨍 비추는 날이 그리워지는 날이에요.

요즘 엄마는 어떠세요? 제가 보기엔 육체적으로도 심리적으로도 많이 힘들어 보여요. 그래도 제가 캠프와서 집이 조용하니 좋죠? 이럴 때 푹 쉬세요.

스트레스를 엄청 받아 흰머리가 무수히 나서 가슴이 찡했어요. 그 흰머리 숲에 제가 누구 못지않게 큰 공을 들였다는 거 알아요. 저도 중3이잖아요. 집에서 철없는 척 해도 밖에선 얼마나 철든 딸인지 모르시죠?

오랜만에 엄마께 편지를 드리려니 가슴이 설레요. 올해 생신 때 편지도 못 드렸잖아요. 사실 편지는 썼었는데 어떻게 드려야 할지 막막했고 부족한 편지를 보여드리기 창피했어요.

항상 엄마한테 완벽한 모습만 보이고 싶어서, 아무렇지 않은 모습만 보이고 싶어서 제 진심을 말씀드린 적이 없어요. 그래서 이번엔 제 진심을 보여드리고 싶어서 가슴이 설레요.

공부를 열심히 해서 그 쪽으로 성공하길 바라시는 엄마. 여유로운 삶을 누리며 편안히 살길 바라는 엄마께는 죄송하지만 전 다른 꿈이 있어요. 배우가 되고 싶거든요.

제 꿈을 말씀드렸을 때 왜 굳이 모험을 하려하냐고 물으셨던 엄마께 진심을 말씀드릴게요.

사실 제 인생은 모험으로 이루어져 있어요. 그리고 전 연기를 할 때가 가장 행복해요. '김보비'가 아닌 다른 사람의 인생도 되어보고 여러 사람의 모습을 보여줄 수 있는 게 매력이에요.

엄만 한 때의 바람이라고 생각하시지만 1년 뒤에도 10년 뒤에도 배우라는 기본 틀을 벗어나지 않을 거라고 저는 장담해요. 하루에도 수많은 배우들이 나타났다 사라지는 현실을 누구보다 잘 알거든요. 하지만 그런 위험을 감수할 만큼 저에겐 소중한 꿈이에요.

13일 날 수강 신청했던 연극교실이 첫 수업을 해요. 그 날은 온 친척이 2박 3일로 놀러 가기로 한 날과 겹치기도 하죠. 온 가족들이 모이는데 제가 빠져서 연극 수업을 듣겠다고 결심한 이유는 저에겐 여행보다 더 가치 있고 즐겁기 때문이에요.

절 믿어주세요. 한 때의 추억으로 몰아가버리려는 엄마와는 달리 전 제 모든 것을 그 곳에 걸었어요. 그동안 저 잘해왔잖아요. 가끔 실망도 끼쳤지만 앞으로도 잘해 갈 거예요.

빨리 저의 꿈을 받아들여서 절 인정해 주시고 믿어주세요. 그동안 엄마가 저의 최고의 지원군이셨던 만큼 앞으로는 제가 엄마의 최고 지원군이 되어드릴게요.

　완벽한 연기란건 없지만 제가 완벽해진 연기를 하게 될 때 가장 먼저 보여드릴게요. 저는 엄마가 절 믿고 인정하실 때까지 엄마를 설득시킬 거예요. 각오하세요.

　이만 쓰고 저는 밥 먹으러 가야겠네요.

　내일 집에 가서 뵐 때까지 안녕히 계세요.

2011년 8월 10일 목요일
엄마의 든든한 최고의 지원군 큰딸 보비 올림

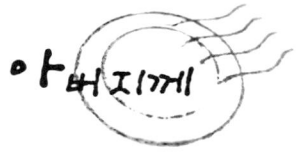

대구동중학교 3학년 정병주

안녕하십니까?

저 아버지의 큰아들 병주입니다.

제가 아버지 아들로 태어난 지 강산이 한 번 변하고도 6년이 다 되어 가네요. 초등학교 때만 해도 어리광부리고 떼쓰던 제가 굵은 목소리로 변하고 예민해져서 아버지께서 속상하신 적 많으시죠? 저의 의도가 그런 게 아니었지만 제 욕심이 너무 과해서 그런 것 같아요. 중학생이 되어서 동생과 다투고 신경 쓰이게 해서 또 죄송하고요. 제가 동생한테 잘 해주려고 한 것이 뜻이 안 맞아 싸운 것 같아요.

아버지께서 힘드신 날마다 한숨 쉬시는 모습을 보면 저도 괜히 맥이 빠져 힘들어요. 그러니깐 힘들어도 용기내서 잘 이겨냈으면 좋겠어요. 물론 우리 가족 모두다요.

제가 축구에만 신경 써서 가끔 주말에도 함께 있지 못해 정말 죄송해요. 축구가 아버지보다 중요한 건 아니지만 그냥 주말만이라도 시간을 좀 내주셨으면 좋겠어요.

제가 주말에도 평일에도 먹고 놀고 살만 찌면 아버지께서는 싫으시잖아요. 그러니까 그냥 친구들과 주말에 운동하고 스트레스 푸는 거라 생각하고 이해해 주세요.

지난달에 우리 설악산 등반한 것도 정말 오래간만에 아버지랑 함께해서 더 즐겁고 보람 있었던 것 같아요.

이번에 성적이 급 하강한 것에 대해 드릴 말씀이 없지만 마지막 시험만은 정말 열심히 해서 아버지께서 자랑스럽게 해 드릴게요.

아버지, 이번 여름방학에 이렇게 좋은 캠프에 참가하게 해주셔서 감사드려요. 여기 처음 왔을 때는 애들끼리 서먹하고 어색했지만 같이 게임도 하고 유치한 장난도 치면서 친해진 것 같아 매우 뿌듯해요. 모두 아버지 덕분에 그런 것 같아요.

국어가 항상 어려워서 우왕좌왕했는데 여기 와서 신호현 선생님 강의를 듣고 논술에 조금이나마 관심을 가지게 되었어요.

아버지, 언제나 최선을 다하는 자랑스러운 큰아들이 되도록 할게요.

그럼 안녕히 계세요.

2011년 8월 10일
큰아들 병주 올림

사랑하는 여동생 부경에게

서울재현중학교 2학년 조예원

안녕?

부경아, 언니야.

은빛 빗방울이 창을 톡톡 두드리는 장마가 왔네.

내가 없는 동안 잘 지냈니?

비가 오지만 나는 나름대로 시원해서 잘 지냈어. 여기 오니까 가족 생각부터 나더라. 특히 네 얼굴이 선명히 떠올랐어. 여기 오기 하루 전에 싸운 일이 지금 생각하면 한심한 일이었지.

네가 잠깐 내 물건을 빌려갔었지. 그때 난 좀 짜증이 나 있어서 너한테 화를 내 버렸어. 지금 생각하니 후회되고 지금 당장이라도 찾아가서 미안하다고 말하고 싶어. 사소한 일로 심하게 화를 내서 미안해.

그래서 사과로 이 편지를 쓰고 있어. 2박 3일 동안 계속 네 생각이 나서 마음이 안 좋았는데 이렇게 편지를 쓰고 있으니 편안해지는 기분이 들어.

　지금은 12시 15분이야. 좀 있으면 점심 먹을 시간이야. 지금은 멈췄지만 그 전엔 비가 추적추적 내렸어. 비 때문에 국궁도 제대로 쏘지 못했지만 굉장히 운치 있는 날이었어.

　어제도 비가 왔어. 어제는 골프도 처음 쳐 봤어. 재미있어서 너와 같이 해보고 싶은 마음이 들더라.

　그리고 엽서쓰기랑 논술 특강을 들었어. 엽서 쓰는데 무슨 말을 써야할 지 몰랐는데 덕분에 엽서도 잘 쓸 수 있게 되었어.

　논술 특강은 굉장히 색다른 특강이었어. 글쎄 춘향전에서 변사또의 죄를 감해주는 내용이었어. 강의를 계속 들어보니 춘향과 몽룡은 착한 인물이라고 생각할 수도 있었지만 그렇게 잘한 일도 없더라고. 그래서 굉장히 유익한 시간이었어.

　또 밤엔 레크리에이션도 했어. 재미있고 알찬 시간이라 시간 가는 줄 몰랐어. 그리고 숙소에 들어가서 편히 잤어.

　부경아, 너도 다음에 이렇게 유익한 캠프를 함께 왔으면 좋겠어.

　그럼 2박 3일 내내 행복하길 바라.

2011년 8월 10일
널 언제나 사랑하는 언니 예원이가

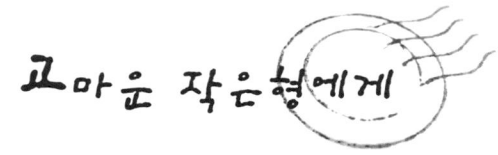

부산중학교 1학년 정세명

안녕? 형!

형의 멋진 동생 세명이야.

비가 오는 칙칙한 날이라 형은 지금 짜증을 내고 있겠구나.

다름 아니고 형에게 처음으로 편지를 쓰는 것은 문득 형에 대한 고마움과 소중함이 떠올랐기 때문이야.

내가 1학년 때 형은 일하고 늦게 돌아오는 엄마를 대신해 나를 챙겨주었지. 그리고 최선을 다해 나와 놀아 주기도 하였지. 그때 같이 한 칼싸움은 무척 재밌고 흥미진진했어. 지금 그때를 생각해도 웃음이 물통 같이 나와.

내 밥을 챙겨 줄때도 형은 정성을 다해 만들어 주었지. 단순한 3분 카레였지만 그때는 그게 얼마나 맛있었는지 몰라. 그때 형도 나이가 많진 않았지만 매번 배려해 주는 것이 참 고마웠어.

요즘에도 잠들기 전 재밌는 얘기를 해주고 내 이야기에 웃어

주고, 음식이 있어도 나에게 더 많은 양을 주며 배려해 주는 것이 얼마나 고마운지 몰라.

그리고 내가 수학문제를 어려워 할 때 고3이어서 바쁠 텐데도 최선을 다해 도와주는 것을 볼 때 고마움을 느끼고 날 위해준다는 생각이 들어서 너무 기뻐. 생색내지도 않고 하니 진짜 형은 좋은 사람이라고 느꼈어.

근데 요즈음 형은 대학 문제로 고민을 많이 하는 것 같아.

"아, 대학에 갈 수 있을까?"

이런 이야기를 종종 하곤 하지만 걱정하지 말고 힘내고 노력해서 목표를 이루어 봐. '지성이면 감천'이란 말이 있듯이 남은 시간 열심히 하면 마음에 드는 결과를 얻을 수 있을 거야.

형은 나의 베스트야.

그럼 열심히 노력하기 바라며 이만 줄일게.

2011년 8월 10일
마달피수련원에서 동생 세명이가

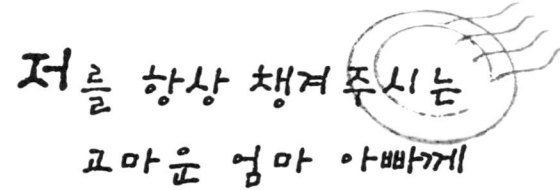

서울문현중학교 1학년 신지은

엄마 아빠 안녕하세요?

저 큰딸 지은이에요.

오늘은 아침부터 비가 세차게 내려 프로그램도 제대로 못할 정도네요.

이은섭 선생님의 추천으로 오게 되었는데 잘 안 쓰던 엽서, 편지를 쓰게 되어 저 나름대로 좋긴 하지만 평소에 쓰지 않던 편지를 쓰려니 좀 어색해요.

엄마, 저는 엄마께서 옷도 많이 사고 꾸미셨으면 좋겠어요. 항상 예쁜 옷 사라고 해도 안 사고 저와 지영이 것만 많이 사 주시는 것이 마음에 걸려요. 앞으로는 지영이가 아직 어리니까 저와 같이 쇼핑가요.

그리고 공부할 때 항상 옆에 있어 주셔서 고맙고 다이어트 하는데 도와주셔서 감사해요.

아빠, 이번에 제주도 가서 우리가 하고 싶은 것 다 해 주셔서 진짜 감사했어요. 제주도에서 제일 좋았던 건 온 가족이 운동한 것이에요. 비록 엄마와 지영이는 제대로 안 했지만 아빠는 끝까지 해주셔서 고마웠어요. 같이 운동할 시간 생기면 꼭 같이 해요.

엄마 아빠, 제가 항상 사랑하는 거 알죠? 저는 가족이 같이 놀러가는 시간이 많았으면 좋겠어요.

앞으로는 마음에 있는 말들 다 표현할 수 있도록 노력할게요. 그리고 목소리도 딸답게 할게요. 서로 건강 챙기면서 살아요.

사랑해요. 엄마 아빠. 지영아~

2011년 8월 10일
우리 가족을 사랑하는 지은 올림

세상에 단 하나뿐인 엄마께

군산 금강중학교 1학년 강민주

매미소리가 귀에 아른거리는 계절이 벌써 반이 넘었네요.

안녕하세요? 엄마.

저는 엄마의 귀한 딸 민주예요.

제가 없는 동안 집안에 무슨 일은 없으시죠?

저는 이곳 마달피삼육청소년수련원에 도착하여 많은 프로그램을 체험하고 지금은 엄마께 편지를 쓰고 있는 중이에요.

중학생이 되면서부터 더욱 엄마 말씀도 안 듣고 제 의견만 내세우고 별 일도 아닌데 짜증을 부려서 정말 죄송해요.

항상 엄마께서는 저에게 잘 되라고 꾸중 하시는 것을 몰라서 짜증내고 투정을 부렸어요. 저도 사춘기에 접어들면서 무의식적으로 괜히 예민해지고 별 일도 아닌데 더 신경을 쓰는 것 같아요.

꼭 엄마께 짜증을 내고 나면 혼자 방에서 왜 그런 행동을 했는지 반성을 하기도 해요. 이제 막 사춘기에 접어든 제 마음 이해해 주실 거죠? 저도 정말 제가 무의식적으로 왜 그런 나쁜 말을 하고 제 주장만 내세우는지 그런 상황에는 마인드 컨트롤도 잘 안 되는 것 같아요.

그렇지만 저도 이곳에 와서 많은 것들을 더 많이 배우고 집에 가서 실천하려고 해요. 무슨 뜻이냐고요? 이제는 못난 오리에서 백조로 거듭나려고요. 엄마께 더 효도하고 말씀 잘 듣고, 짜증을 내지 않고 내 일은 스스로 할 수 있는 효녀가 되려고 해요. 그래서 엄마께 부탁 한 가지만 드리려고요.

이제는 저와 관련된 모든 일을 스스로의 힘으로 해 보려고 해요. 그러니까 엄마께서 저를 좀 도와주셨으면 해요.

예를 들면 제가 공부하고 있을 때 옆에서 격려의 말씀 같은 거 있잖아요. 아시죠? 이제 백조로 거듭나려고 하니까 당연히 도와주실 거죠? 그럼 엄마를 사랑하는 딸, 내일 집에서 건강한 모습으로 봬요.

항상 감사하고 언제나 사랑해요!

2011년 8월 10일
엄마를 사랑하는 딸 민주 올림

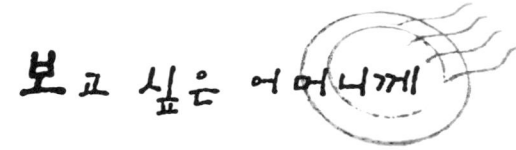

군산 금강중학교 3학년 도현진

사랑하는 어머니, 안녕하십니까?

더웠던 대지를 식혀주는 것 같이 비가 주룩주룩 내리는 여름입니다.

저는 캠프에 와서 새로운 친구들도 사귀고 그동안 듣지 못했던 여러 지역의 사투리로 친구들끼리 웃음꽃을 피우고 있습니다. 특히 경상도 사투리를 들으니 어머니 생각이 나네요.

어머니께선 3학년 여름방학이 중요하다고 말씀하시면서 공부를 열심히 하라고 하셨지요? 저도 그렇게 생각은 하지만 좀 속상했어요. 방학인데도 공부이야기를 하시는구나 하고요. 아침에 일어나자마자 강의 들어라, TV나 컴퓨터 만화를 볼 때는 공부 좀 해라하고 말씀하시는 모습이 조금 밉기도 했어요.

어머니, 혹시 기억나시는지요? 우리 가족이 무창포 해수욕장에 놀러갔을 때 1박을 하고 일어나서 어머니께서 "여기 오니까 좋다. 너네한테 강의 들으라는 소리 안 해도 되고"라고 말씀하셨잖아요. 저는 그때 나름 저만의 충격을 받았답니다.

저는 저만 공부에 대한 스트레스를 받고 있을 거라고 우물 안 개구리 같은 생각을 했었던 것이지요. 어머니께서도 똑같이 저에게 그런 말씀을 하시는 것이 스트레스고 짜증이 나실 텐데 말이죠.

그 일을 계기로 저는 다시 한 번 어머니에 대하여 생각하게 되었습니다. 제가 공부하기 싫을 때나 말 안 들을 때 울면서 대들 때 항상 철없는 저를 부드럽게 달래주시던 모습도 떠오르고, 언젠가 말씀하셨던 우리 가족 모두가 TV를 보고 있을 때가 가장 좋다는 모습도 떠오르네요.

어머니, 제가 이렇게 깨달음을 얻었습니다. 이번 캠프를 마치고 돌아가면 어머니께서 신경 안 쓰셔도 될 정도로 열심히 공부하겠습니다. 이곳에서 많은 에너지를 가지고 가겠습니다.

어머니, 집을 떠난 지 2일 밖에 안 되었는데 벌써 보고 싶고 어머니께서 만드신 밥을 먹고 싶네요. 집에 가면 맛있는 밥 해주세요. 제가 집으로 갈 때까지 몸 건강히 계세요.

어머니, 사랑하구요. 항상 고맙습니다.

2011년 8월 10일
어머니를 사랑하는 큰딸 올림

제7회 전국 초등학생 편지쓰기강좌 캠프 입상자 명단

🌱 **으 뜸 상** | 우정사업본부장상
　　서울 역촌초등학교 6학년 이수연

🌱 **버 금 상** | 한국우편물류지원단 이사장상
　　군산 용문초등학교 6학년 강민주
　　서울 역촌초등학교 6학년 최혜민
　　서울 홍제초등학교 5학년 허도선

🌱 **모 범 상** | 한국편지가족회장상
　　목포 신흥초등학교 4학년 정영욱
　　서울 홍제초등학교 5학년 김민재
　　서울 서신초등학교 4학년 임혜원

🌱 **노 력 상** | 한국편지가족회장상
　　인천 효성초등학교 5학년 문철호
　　광주 태봉초등학교 5학년 남희경
　　대구 경운초등학교 5학년 노지현
　　대전 동문초등학교 5학년 김수비
　　군산 옥봉초등학교 5학년 임현정

제10회 전국 중학생 편지쓰기강좌 캠프 입상자 명단

으 뜸 상 | 우정사업본부장상
수원 수일여자중학교 2학년 남희주

버 금 상 | 한국우편물류지원단 이사장상
순천 매산중학교 2학년 안나윤
서울 배화여자중학교 2학년 정소현
부천중학교 1학년 성소연

모 범 상 | 한국편지가족회장상
부산 유락여자중학교 3학년 곽민경
용인 이현중학교 3학년 이주아
서울 휘경중학교 2학년 김현녕

노 력 상 | 한국편지가족회장상
광주 문성중학교 1학년 박민호
부산 장평중학교 3학년 이세나
서울 배화여자중학교 2학년 황채은
대구 덕원중학교 1학년 구형환
대전여자중학교 3학년 장현지

제8회 전국 초등학생 편지쓰기강좌 캠프
입상자 명단

으뜸상 | 우정사업본부장상
안성 산평초등학교 6학년 홍다은

버금상 | 한국우편물류지원단 이사장상
충주 탄금초등학교 5학년 조은채
수원 고현초등학교 5학년 최 은
서울 미성초등학교 5학년 이재민

모범상 | 한국편지가족회장상
전주 화산초등학교 6학년 이효진
춘천 봄내초등학교 5학년 전현택
대구 동성초등학교 5학년 박미현

노력상 | 한국편지가족회장상
안성 산평초등학교 6학년 김다인
대구 중앙초등학교 6학년 서주연
광주 빛고을초등학교 6학년 박정은
부산 구서초등학교 6학년 김주현
대전 은어송초등학교 5학년 박서연

제11회 전국 중학생 편지쓰기강좌 캠프
입상자 명단

🌱 으 뜸 상 | 우정사업본부장상
순천 매산중학교 3학년 김보비

🌱 버 금 상 | 한국우편물류지원단 이사장상
대구 동중학교 3학년 정병주
서울 재현중학교 2학년 조예원
부산중학교 1학년 정세명

🌱 모 범 상 | 한국편지가족회장상
서울 문현중학교 1학년 신지은
군산 금강중학교 1학년 강민주
군산 금강중학교 3학년 도현진

🌱 노 력 상 | 한국편지가족회장상
용인 성복중학교 3학년 이태훈
순천 매산중학교 3학년 문지현
광주 일동중학교 2학년 배지영
충남여자중학교 2학년 백효정
대전 봉산중학교 1학년 이진일

●● 편집을 마치며

여린 손가락을 움켜 잡고 사각사각

까만 연필심 닳아가는 소리가 귓전에 들리는 듯합니다.

하얀 편지지 위로 속속들이 마음을 풀어 놓은 동심어린 편지글을 읽으니

가을 들녘이 펼쳐놓은 풍경처럼 행복한 시간이었습니다.

메마름에 익숙해진 현실속에서 음지에서 싹을 틔우듯 편지강좌를 통해

아이들의 눈빛은 살아나고 가슴은 활짝 피어날 수 있었습니다.

뽀얀 생각들, 순간을 잡고 끝나지 않은 사연들이 방향을 잡고 제자리를

찾아 주인을 만났지요.

이기심을 버리고 어둠의 그늘을 걷어내기도 하였습니다.

번데기처럼 웅크린 가슴을 반듯하게 펼 수 있는 편지쓰기강좌.

일상의 나날이 살아나고 희망의 눈빛을 바라볼 수 있도록 허락한 시간,

고마웠습니다. [권]

편지쓰기강좌 안내

- **목적**
  - 올바른 편지쓰기를 통해 따뜻한 심성을 기르고 모국어를 사랑하여 편지쓰기를 생활화하기 위함.

- **강좌 개요**
  - 주최 : 각 지방 우정청
  - 주관 : (사)한국편지가족 각 지회

- **행사 방법**
  - 대상 : 초등학생, 중학생, 복지관 어르신, 다문화가정 등
  - 장소 : 신청 기관 방문
  - 시간 : 90분
  - 인원 : 30명 이상 단체(1학급)
  - 강사 : (사)한국편지가족 회원(전직교사, 시인, 수필가)
  - 비용 : 무료

- **수업 내용**
  - 올바른 편지쓰기 지도
  - 편지봉투 작성법
  - 편지쓰기 실습
  - 시상 및 우수편지 감상

- **강좌 신청**
  - 전화 : 02-3436-7525
  - 팩스 : 02-3437-7525
  - 우편 : 143-003 서울시 광진구 자양로 76 동서울우편집중국 322호
  - 이메일 : hanpyunga@hanmail.net
  - 각 지방 우정청 우편영업과 편지쓰기 담당자

전국 초·중 학생 편지쓰기강좌 캠프 및
편지쓰기강좌 편지글 모음집

개울가에서 쓴 편지 제3집

발행인 | 박명자
편집인 | 유회숙 이서화 권미령
발행처 | (사)한국편지가족
발행일 | 2011년 12월 1일

주　　소 · 143-003 서울시 광진구 자양로 76
　　　　　동서울우편집중국 322호
전　　화 · 02-3436-7525
팩　　스 · 02-3437-7525
홈페이지 · http://www.letterfamily.or.kr

펴낸이 | 박종현
펴낸곳 | 아동문예

주　　소 · 132-033 서울시 도봉구 도봉로 109길 78
등록일 · 1987년 12월 26일 (제1-609호)
대　　표 · 995-0071　팩　스 · 904-0071
이메일 · adongmun@naver.com
　　　　· adongmun@hanmail.net
홈페이지 · http://www.adongmun.co.kr

ISBN 978-89-7798-543-8

*이 책의 저작권은 (사)한국편지가족에 있으므로,
　허락없이 어떠한 형태나 수단으로도 이 책의 내용을 이용하지 못합니다.

*잘못된 책은 구입한 곳에서 바꾸어 드립니다.